INHALT

> SZENE

S. 12–15: Trends, Entdeckungen, Hotspots! Was wann wo auf La Gomera los ist, verrät der MARCO POLO Szeneautor vor Ort

> 24 STUNDEN

S. 92/93: Action pur und einmalige Erlebnisse in 24 Stunden! MARCO POLO hat für Sie einen außergewöhnlichen Tag auf La Gomera zusammengestellt

> LOW BUDGET

Viel erleben für wenig Geld! Wo Sie zu kleinen Preisen etwas Besonderes genießen und tolle Schnäppchen machen können:

Sporträder ausleihen zum Schnäppchentarif S. 38 | Abendmenüs für zum kleinen Preis S. 58 | Viel Platz für wenig Geld: schöner wohnen in Las Puntas S. 86

> GUT ZU WISSEN

Was war wann? S. 10 | Spezialitäten S. 26 | Blogs & Podcasts S. 46 | Bücher & Filme S. 49 | Viva la Piña S. 78 | www.marcopolo.de S. 102 | Was kostet wie viel? S. 105 | Wetter in San Sebastián S. 106

AUF DEM TITEL

Atemberaubende Tour durch den Nebelwald S. 57
El Hierro: Tauchen de Luxe S. 76

ENTDECKEN SIE LA GOMERA!

Unsere Top 15 führen Sie an die traumhaftesten Orte und zu den spannendsten Sehenswürdigkeiten

Die Highlights sind in der Karte auf dem hinteren Umschlag eingetragen

1 Barranco de Benchijigua
Die von Felsen durchsetzte Schlucht auf La Gomera mit den Dörfern Benchijigua, Lo del Gato und Pastrana steht unter Naturschutz und ist auch für manche botanische Überraschung gut (Seite 34)

2 San Sebastián
In der Hauptstadt von La Gomera, an der Plaza de las Américas und der Plaza de la Constitución, trifft sich die einheimische Inselszene (Seite 36)

3 Barranco de las Lajas
La Gomeras reizvolle Schlucht mit Stauseen und ursprünglichen Dörfern liegt westlich von San Sebastián (Seite 40)

4 Valle Gran Rey
Das Wanderparadies von La Gomera ist zugleich der berühmte Szenetreff der Insel (Seite 42)

5 Playa del Inglés
Kultstrand in malerischer Landschaft im Valle Gran Rey (Seite 49)

6 Bergdörfer
In den kleinen Ortschaften Arure, Las Hayas, El Cercado und Chipude leben alte gomerische Traditionen wieder auf (Seite 52)

7 Ermita de Santo
Der schwindelerregende Blick in die Tiefe auf die abgelegene Westküste von La Gomera wird Sie in seinen Bann ziehen (Seite 52)

> DIE BESTEN MARCO POLO HIGHLIGHTS

8 Parque Nacional de Garajonay
Der zum Unesco-Welterbe gehörende Nationalpark von La Gomera begeistert mit seinem einzigartigen Waldbestand (Seite 57)

9 Juego de Bolas
Das Besucherzentrum informiert anschaulich über Flora und Fauna auf La Gomera sowie über geologische Zusammenhänge (Seite 63)

10 Museumsdorf Guinea
Das Museumsdorf auf El Hierro gestattet einen Blick zurück in die Zeit der Altkanarier (Seite 71)

11 El Sabinar
Ein geheimnisvoller Wacholderwald auf El Hierro (Seite 72)

12 La Restinga
Uriges Fischerdorf an der Südküste von El Hierro, umgeben von Lavafeldern und Vulkanbergen (Seite 74)

13 Faro de Orchilla
Ein Leuchtturm am Ende der Welt: Der südwestlichste Punkt Europas liegt auf El Hierro (Seite 77)

14 Iglesia Santa María de la Concepción
Einst Bastion gegen Piratenüberfälle, heute Kirche von El Hierros Hauptstadt Valverde (Seite 80)

15 Mirador de la Peña
Nobelrestaurant auf El Hierro mit traditioneller Küche und bester Aussicht auf das Meer (Seite 84)

Vallehermoso

AUFTAKT

La Gomera und El Hierro sind großartige Reiseziele für Individualisten. Abseits von Rummel und Hektik kommen vor allem Naturliebhaber auf ihre Kosten. Die Landschaft verschandelnde Bettenburgen gibt es hier ebensowenig wie große Spaßzentren. Als Aktivsport stehen Wandern, Radfahren und Tauchen hoch im Kurs. Man kann sich aber auch entspannen, erholsame Strandtage einlegen oder einfach das unverwechselbare Inselflair genießen. An der Küste können Sie bei einem Spaziergang oder in einer der Bars leicht Kontakte zu Inselbewohnern und Feriengästen knüpfen.

> La Gomera und El Hierro sind die beiden kleinsten und touristisch am wenigsten erschlossenen der sieben Kanarischen Inseln. Der vor der nordwestafrikanischen Küste liegende Archipel ist vulkanischen Ursprungs. Vor etwa 20 Mio. Jahren erhoben sich die ersten Inseln aus dem Meer. El Hierro ist mit 3 Mio. Jahren am jüngsten. La Gomera ist etwa 10 Mio. Jahre alt und – ebenso wie El Hierro – seit langem ohne Vulkantätigkeit.

Die eruptive Entstehung ist der Insel auf den ersten Blick kaum anzumerken: Erosionskräfte wie Wasser und Wind haben im Lauf von Jahrmillionen tiefe Kerben in das Gestein gegraben. In Form von fast 50 Schluchten, den *barrancos,* fallen sie fächerförmig von der Gipfelregion aus zum Meer hin ab. Im Schutz dieser bis zu 800 m tiefen und kilometerlangen Einschnitte konnten sich unzählige Biotope mit wasserfallartigen Bachläufen und einer artenreichen Pflanzenwelt entwickeln. In ihren Ausläufern bilden diese Schluchten entweder kleine Buchten in der Steilküste, oder sie weiten sich zu sanften Tallandschaften, wie dem berühmten Valle Gran Rey oder dem Tal von Hermigua. In den Flussdeltas der Täler liegen die wichtigen Ortschaften. Überragt wird diese zerfurchte Bergwelt von gewaltigen, kegelförmigen Basaltmonolithen, den *roques,* und einem mächtigen Tafelberg, der *Fortaleza.* Als erstarrte Schlotfüllungen von Vulkanen, die durch Erosion freigelegt wurden, sind die *roques* Zeugen der Entstehungsgeschichte der Insel.

> Die wichtigen Ortschaften liegen in den Flussdeltas der Täler

Der geringe Durchmesser von nur 25 km lässt die Durchquerung La Gomeras mit dem Auto beim Blick auf die Landkarte zunächst als Kleinigkeit erscheinen. Doch das täuscht:

Das Punta Grande auf El Hierro galt lange Zeit als das kleinste Hotel der Welt

Der wilden Topografie entsprechend krümmen und hangeln sich die schmalen Straßen abenteuerlich und in einer endlosen Folge von Kurven durch die zerklüftete Bergwelt. Schwindelfreie und geübte Wanderer finden in sogenannten Durchstiegen, die in den Steilwänden der Täler angelegt sind, eine Herausforderung. Schon seit Jahrhunderten dienen sie als direkte Verbindungswege zwischen den mächtigen Bergrücken.

Wer sich auf einem der schmalen Esels- und Ziegenpfade einem abseits gelegenen Dorf nähert, der merkt oft erst beim Näherkommen, dass es verlassen ist – so gut sind die solide aus Naturstein gebauten Häuser noch in Schuss. 30 solcher aufgegebenen Dörfer gibt es auf der Insel. Sie erinnern daran, dass um die Mitte des 20. Jhs. zeitweise bis zu 50000 Menschen auf La Gomera lebten. Heute sind es noch knapp 20000. Neben der bescheidenen Selbstversorgerwirtschaft auf kleinen Feldern fanden sie ihr Auskommen hauptsächlich als Arbeiter in den wechselnden Monokulturen: Vor den Bananen wurde großflächig Zuckerrohr und Wein angebaut. Immer, wenn eine solche Branche aufgegeben wurde, folgte eine Auswanderungswelle nach Venezuela oder Kuba. Die enge Verbundenheit mit diesen Ländern hat die Kultur auf La Gomera stärker geprägt als das spanische Mutterland, Salsa und Merengue entsprechen dem Lebensgefühl der Menschen. Wer ihren wahren Charakter kennen lernen möchte, muss

> *Die Herkunft der Urbevölkerung ist umstritten*

nur eines der großen Feste besuchen: Da wird ausgelassen gelacht, getanzt und gesungen, für etliche Stunden ist der harte Alltag vergessen. Touristen gegenüber verhält man sich dabei freundlich, aber distanziert. Die großen Stücke vom Kuchen „Tourismus" teilen sich sowieso Investoren, Hoteliers und Restaurantbesitzer vom Festland, für die Einheimischen fällt allenfalls ein zeitlich begrenzter Arbeitsvertrag ab. Der positiven Lebenseinstellung der Insulaner tut dies jedoch keinen Abbruch.

Die Herkunft der Urbevölkerung ist umstritten. Eine Theorie spricht von mehreren unabhängigen Einwanderungswellen verschiedener Volksstämme aus dem Mittelmeerraum ab etwa 3000 v. Chr., eine andere, die heute favorisiert wird, datiert die erste Besiedlung durch nordafrikani-

WAS WAR WANN?

Geschichtstabelle

1100 v. Chr. Wohl als erste erreichen phönizische Seefahrer den Kanarischen Archipel

1402–05 Der Normanne Béthencourt erobert Teile des Archipels für die kastilische Krone

1477 Die spanische Krone überträgt Hernán Peraza die Besitzrechte an La Gomera. Er wird 1488 von Einheimischen getötet

1492 Erster Besuch von Christoph Kolumbus, der auf La Gomera seine Proviant- und Wasservorräte auffüllt

16. Jh. Die Inseln sind wichtige Durchgangsstationen für den Amerikahandel. Zuckerrohrplantagen, Sklavenhandel und Weinanbau entwickeln sich zu wichtigen Einnahmequellen

1811–30 Gelbfieberepidemien und Hungersnöte zwingen viele Kanarier zur Auswanderung nach Mittel- und Südamerika

1836 Auf La Gomera und anderen Inseln wird die Feudalherrschaft abgeschafft

Ab 1960 Der beginnende Massentourismus löst auf den größeren Inseln die Agrarwirtschaft (Bananen und Tomaten) als Haupteinnahmequelle ab

1982 Die Kanaren erhalten eine autonome Regierungsform

1986 Spanien wird Teil der Europäischen Gemeinschaft, die Kanaren erhalten einen zeitlich begrenzten Sonderstatus

1999 Inbetriebnahme des Flughafens auf La Gomera

2005 Abschluss der ersten Ausbaustufe des prestigeträchtigen neuen Hafens in Valle Gran Rey

sche Berber auf 500 v. Chr. Nach der europäischen Wiederentdeckung der Inseln gingen viele Zeugnisse des ursprünglichen Lebens verloren oder wurden vernichtet. Die Eroberung durch die Spanier Ende des 15. Jhs. bedeutete für die Überlebenden das Ende ihrer Kultur und Sprache.

La Gomera vereinigt unterschiedliche Klimazonen auf engstem Raum: den regenreichen Norden, das oft nebelverhangene Hochland und den kargen, trockenen Süden. Alles liegt so dicht beieinander, dass Sonnenanbeter am Strand und nebelfeuchte Wanderer in Regenkleidung häufig nur eine halbe Stunde Autofahrt voneinander trennt. Zusammen mit dem kühlen Kanarenstrom sorgt der Nordostpassat für eine ganzjährig stabile Wetterlage. Die Temperaturen liegen im Durchschnitt bei 16–20 und im Sommer bei milden 18–25 Grad.

Das landwirtschaftliche Zentrum im reicheren Norden bietet mit alten Kirchen, schmucken Herrenhäusern, Stätten traditionellen Kunsthandwerks und dem Inselmuseum auch etwas für Kulturinteressierte. Der Süden der Insel ist gut abgeschirmt durch die Wetterscheide der Berge und deshalb karg und trocken. Selbst im Winter regnet es sehr selten. Dass es trotzdem nicht zu heiß wird, dafür sorgen das ganze Jahr über laue Fallwinde und das mit durchschnittlich nur 20 Grad kühle Wasser des Atlantiks.

Durch den Nationalpark Garajonay ziehen sich schmale Wanderwege.

Dort sind die Schönheiten des uralten, verwunschen anmutenden Lor-

> Eine wichtige Rolle spielen die Heilerinnen

beerwalds am besten zu erleben. Doch Vorsicht! Der modrige Geruch des Naturglaubens im Alltagsleben der Gomeros gegenwärtig. Eine wichtige Rolle spielten die Heilerinnen, *curanderas,* die bis in die jüngste Vergangenheit mit Gebeten, Heiligenbeschwörungen, magischen Ritualen und Kräutern Wunderheilungen an Kranken bewirkt haben sollen.

Historische Bauwerke an der Plaza de las Américas in San Sebastián

von feuchter Humuserde, das plötzliche Aufheulen von Windböen in der ansonsten absoluten Stille der einsamen Waldlandschaft und das in gespenstische Nebel getauchte, bizarre Geäst der mächtigen Baumkronen können einen schon das Gruseln lehren. Nicht umsonst vermuten die Einheimischen an Orten wie der *Laguna Grande* die Versammlungsplätze der Hexen. Bis heute sind solche Relikte

Landschaftliche Vielfalt und unzählige reizvolle Details machen aus der auf den ersten Blick „kleinen“ Insel letztendlich doch eine „große“, auf der es viel zu entdecken gibt. Selbst wer fast täglich zu Fuß oder mit dem Auto unterwegs ist, wird bald feststellen, dass sogar ein mehrwöchiger Urlaub nicht ausreicht, die Faszination von La Gomera in all ihren Facetten zu erleben.

WAS IST ANGESAGT?

Trends, Entdeckungen und Hotspots. Unser Szene-Scout zeigt Ihnen, was auf La Gomera los ist

Sandra Schamber
lebt seit sechs Jahren auf La Gomera. Unser Szene-Scout engagiert sich ehrenamtlich für verschiedene Projekte, die Delphine und Wale schützen. Die neuesten Trends erfährt sie bei ihren Streifzügen durch die Gastroszene. Außerdem arbeitet Sandra Schamber als Wanderführerin und ist dabei jedesmal wieder von der Natur La Gomeras fasziniert.

FISCH & FOTO

Spannende Unterwasserwelt

La Gomera und El Hierro sind wahre Tauchparadiese. Doch Tauchen alleine genügt den Sportlern nicht mehr, sie wollen die farbenfrohe Unterwasserwelt nun auch im Bild festhalten. Tauchschulen und Wettbewerbe spezialisieren sich auf den neuen Trend. Während der *Open Fotosub (www.openfotosub.com)* auf El Hierro verwandelt sich der kleine Hafen von La Restigna zum Treffpunkt internationaler Unterwasserfotografen. Teilnehmer und Zuschauer bringen unter anderem die Tauchschulen *El Hierro Taxidiver (Avenida Marítima, 4, La Restigna, www.elhierrotaxidiver.com,* Foto*)* und *Centro de Buceo El Hierro (Calle El Rancho, 12, La Restigna, www.centrodebuceoelhierro.com)* zu den Wettkampfplätzen. Dort versuchen die Taucher Papageienfische oder Riesenzackenbarsche vor die Kamera zu bekommen. Wenn Platz auf dem Boot ist, fahren die Tauchprofis von *Fan Diving Hero* auch Schnorchler zu den 15 Minuten entfernten Wettkampfplätzen aufs Meer hinaus *(El Varadero, 4, La Restigna, www.el-hierro-tauchen.de)*.

SZENE

KUNST VERBINDET

Treffpunkt Galerie

Galeristen, Maler und Fotografen werden aktiv und bringen ihre Werke und ihr Können einem breiten Publikum näher. Der Maler Guido Kolitscher bietet in der *Galería Luna* in San Sebastián Zeichenkurse an *(Calle Real, 28)* und die *Galería Mira (Calle Contero, 2,* La Calera, *www.mira-arte.com,* Foto*)* ist nicht nur Treffpunkt für Fotografen, Bildhauer und Schmuckdesigner. Wer hier einkauft, kann sich sein Werk auch gleich entsprechend rahmen lassen. Im Atelier von Dorothea Blöink wird man selbst zum Künstler. Die Malerin zeigt Interessierten ihre Techniken *(Atelier El Guro, Valle Gran Rey, www.gomera-kreativ.de)*. Fester Kunsttermin in der *Galería Oasis* in La Playa ist der Mittwoch. Diskussionen und Auktionen stehen dabei im Vordergrund *(La Playa, 36, www.oasis-galeria.com)*.

PFIFFIG

Die Geheimsprache der Kanaren

La Gomera hat El Silbo als zeitgemäßes Kommunikationsmittel wiederentdeckt. Seit Kurzem treffen sich einmal im Jahr Fans der gepfiffenen Sprache im Bergdorf Hermigua. Auf dem dortigen Sportplatz verständigen sich dann Alt und Jung durch Pfeifen. Zur praktischen Anwendung kommt El Silbo auch im Restaurant *Abisinia*. Hier zeigt der Kellner Interessierten, wie man sich pfeifend einen Drink bestellt. *(Abisinia, Vueltas, www.abisinia.net, Foto)*. Ein weiterer Schritt in Sachen El Silbo-Popularität ist der Wettbewerb, den die Regierung von La Gomera anlässlich des *Dia de Canarias* ausgeschrieben hatte. Die Gewinner präsentierten ihr Können schließlich im Gemeindezentrum von San Sebastián.

ALLES ÖKO!

Grünes Gewissen

Öko gibt den Ton an. Hotels und Projekte haben es sich auf die Fahne geschrieben, die Natur zu erhalten. Das grüne Motto im ehemaligen Herrenhaus *Tamahuche:* Umwelt und Tourismus sollen harmonieren. Das Hotel gewinnt unter anderem sein Warmwasser durch Sonnenenergie *(Vallehermoso, www.ecoturismocanarias.com, Foto)*! Ökofeeling live bietet auch das *Hotel Gran Rey (La Puntilla, Valle Gran Rey, www.hotel-gran-rey.de)*, das dank seiner vorbildlichen Unternehmensphilosophie bereits mit einem Umweltpreis ausgezeichnet wurde. Dass das Thema nicht nur Einzelkämpfern vorbehalten ist, zeigen einige Umweltprojekte, die vor Kurzem auf der Insel angeschoben wurden und zur Schonung der Natur beitragen sollen. So wurde die ehemalige Müllkippe an der Punta Avalos in ein Renaturierungsprogramm integriert und mit Pflanzen begrünt. Im Barranco Seco sammelt die Firma *Ipalán* neuerdings durch Bohrungen mineralreiches Regenwasser, das aus Vulkangestein gefiltert wurde.

OPEN-AIR-PARTY

Feiern im Sonnenuntergang

Nachtschwärmer tanzen am liebsten ganz romantisch im Sonnenuntergang oder unterm Sternenhimmel. Die Konsequenz daraus: Immer mehr Clubs verlagern ihre Partys ins Freie. Von Juli bis Mitte September verwandelt sich die *Enigmas Disco* zum Topspot für Openair- und Live-Fans *(San Sebastián, Punta de la Playa)*. Unter freiem Himmel sorgen regelmäßig spanische Rockbands für ausgelassene Feierstimmung. Die romantisch-lässige Atmosphäre lockt sogar Partyhopper von Teneriffa auf die Nachbarinsel. Etwas kleiner, aber nicht weniger angesagt: die *Fullmoon-Party* im *Castillo del Mar.* Die Ruine der alten Bananenverladestation wurde zum Club umfunktioniert. Die Lage zwischen Klippenlandschaft und Meeresbrandung am Felsstrand der Playa Vallehermoso ist phantastisch *(Playa Vallehermoso, www.castillo-del-mar.com, Foto)*.

ENTSPANNUNG PUR

Still und leise

Wer Ruhe sucht, wird auf La Gomera fündig. Yoga- und Meditationsfans entdecken die Insel für sich. Wem das Sonnenbaden alleine nicht reicht, der übt z.B. auf der *Finca Argayall* Sonnengruß und Co. *(Valle Gran Rey, Barranco de Argaga, www.argayall.com)*. Nur fünf Minuten vom Meer entfernt liegt die *Casa Blanca*, wo Meditation, Qi Gong und Reiki-Sitzungen beim Entspannen helfen *(Valle Gran Rey, Vueltas)*. Die Energieexpertin Christine Fehr pendelt zwischen Berlin und La Gomera und bietet von November bis April Chakren-Harmonisierung und Lichtarbeit an!

TRADITION TRIFFT MODERNE

Hip-Hop mit der Timple

Wie klingt es, wenn traditionelle kanarische Musik auf Hip-Hop trifft? Wie eine Mischung aus Folklore und Chartmusik à la Snoop Dogg. Jeden Freitag- und Samstagabend treffen sich die Musikbegeisterten der Insel am *Kiosco Las Puntas* unter freiem Himmel zur Jam-Session. Die Beats sind modern, die Instrumente traditionell kanarisch! Im Mittelpunkt stehen Saiteninstrumente, allen voran die *Timple* (Foto), eine Art Miniaturausgabe der Gitarre, ähnlich der Ukulele. Die Texte handeln von der Insel und werden in spanischem Sprechgesang präsentiert.

VEGETARISCH UND GUT

Fleischloser Genuss

Immer mehr Restaurants und Läden spezialisieren sich auf vegetarische oder vegane Kost. Allen voran die *Tienda Naturalista Raiz*. Der Naturkostladen hat sowohl vegetarische als auch vegane Snacks im Angebot *(La Playa, Valle Gran Rey)*. In der *Tienda Ansiria* stehen Tofu und Co. auf der Karte *(Calle Abisinia, Vueltas)*. Dass gesunde Ernährung ankommt, beweist die *Agrocanarias (www.agrocanarias.com)* in San Sebastián. Auf der Landwirtschaftsmesse wurde der Semicurado-Ziegenkäse als bester Käse der Kanaren gekürt.

> KLEINER INSELSTECKBRIEF

Von Bananen, Palmen, Passatwinden und einer erstaunlichen Pfeifsprache

AUSSTEIGER

In den 1960er-Jahren begann eine Auswanderungswelle deutscher Pioniere auf die vermeintliche Trauminsel La Gomera, weil dort Klima und Leben liebenswerter schienen als im tristen Heimatland. Rund 40 Jahre später ist die Zeit des ausgelassenen Höhlenlebens – von einigen unverbesserlichen Optimisten abgesehen – längst vorbei. Das Königstal La Gomeras hat viel von seinem ursprünglichen Charme eingebüßt, „Kohle machen" heißt nun bei den Althippies die oberste Devise. Einerseits verteufeln die Aussteiger von einst jede Baustelle, die mit dem wachsenden Tourismus in Zusammenhang zu bringen ist; andererseits will jeder möglichst viel Profit aus den Feriengästen schlagen. Wenn erstmal die Kreuzfahrtschiffe in Vueltas anlegen, die der ehrgeizige Hafenausbau

STICH WORTE

zwangsweise anlocken wird, strömen ungekannte Menschenmassen durch die Gassen der Altstadt. Doch wer bekommt wie viel vom Kuchen ab? Ob im Laden, in der Kneipe oder in der Apartmentvermietung: Absahnen ist oberstes Gebot, dann darf wieder Ruhe einkehren. Inzwischen siedeln auch immer mehr Rentner und Frühpensionäre aus Deutschland über und reißen sich die vermeintlich besten Immobilien unter den Nagel. Am begehrtesten sind Eigentumswohnungen mit Terrasse zum Meer.

BANANEN

Ende des 19. Jhs. wurden im Norden von La Gomera die ersten Bananen, *plátanos,* gepflanzt. Sie lösten das bis dahin in Monokultur gehaltene Zuckerrohr ab, dessen Anbau zunehmend unrentabel geworden war. Lange Jahre erzielten die Plantagenbesitzer mit einer kleinen und wohlschmeckenden Sorte gute Profite. Doch seit einigen Jahrzehnten macht ihnen die Konkurrenz aus Südamerika mit wesentlich größeren und billigeren Früchten schwer zu schaffen.

FAUNA

Von wild lebenden Landsäugetieren existieren auf La Gomera und El Hierro nur wenige Arten. Häufig dagegen sind Reptilien, angeführt von der bis zu 70 cm großen Hierro-Rieseneechse, der fast schwarzen Kanareneidechse und dem farbenfroh glänzenden Kanarenskink. Die hier vorkommenden Geckos, die mit ihren saugnapfartigen Fingern an der Zimmerdecke entlanglaufen können, haben ein für die jeweilige Insel typisches Aussehen. Die artenreichste und vielfältigste Wirbeltiergruppe stellen die Vögel, darunter der unscheinbar grünbraune Kanarienvogel, aus dem die verschiedenen, oft zitronengelben Haustierrassen gezüchtet werden. Die wirbellosen Landtiere sind durch einige auffällige Insekten wie den Monarchfalter, den Nashornkäfer oder die Gottesanbeterin vertreten.

FLORA

Mehr als 2000 Pflanzenarten gedeihen in den fünf verschiedenen Vegetationsstufen der Insel La Gomera, unter ihnen 700 endemische, d.h. nur hier heimische. Die erste Stufe bildet der Lorbeerwald mit Baumheidebuschwäldern im Zentralmassiv, der nach Süden in Kanarenkiefernwälder übergeht. In Richtung Küste schließen sich der thermophile Buschwald, der Sukkulentenbusch und die Küstenvegetation an. Auf La Gomera existieren nur wenige Exemplare des sagenumwobenen Kanarischen Drachenbaums *drago,* einer Lilienart, die mehrere Hundert Jahre alt werden kann, während man auf El Hierro den heiligen Baum der Ureinwohner häufiger antrifft. In den Gärten finden Sie eine Blumenpracht aus Bougainvillea, übermannshohem Weihnachtsstern, Hibiskus, Goldkelch, Feuerranke und vielen anderen prächtigen Gewächsen, die Ihnen zum Teil als Zimmerpflanzen vertraut sind, die Sie wegen ihrer beachtlichen Größe hier aber kaum wieder erkennen werden. Keine andere Pflanze aber prägt das Bild von La Gomera so wie die Kanarische Dattelpalme. Es wurden 120000 Palmen gezählt, das sind mehr als auf allen anderen Kanarischen Inseln zusammen. Begünstigt durch den Wasserreichtum und durch strenge Gesetze geschützt, sind sie überall auf der Insel zu finden. Für die Gomeros war die vielseitige Nutzpflanze schon immer ein wertvoller Besitz. Die Datteln wurden an die Schweine verfüttert und die abgeernteten Fruchtstände zu Besen zusammengebunden. Die gehäckselten Palmwedel dienten als Ziegenfutter, und die aufgespleißten Mittelstege fanden beim Korbflechten Verwendung. Vor allen Dingen aber liefern sie den süßen Palmensaft *guarapo.*

PASSATWINDE

Vientos alisios werden sie von den Einheimischen genannt, denn zusammen mit dem 22 Grad kalten Kanarenstrom sind sie die Garantie für eine stabile Wetterlage. Sie bescheren den Inseln, die nur ein paar Hundert Kilometer vom heißen Nordafrika entfernt liegen, einen ewigen Frühling und das wohl beste Klima der Welt. Ihren Ursprung haben die Passatwinde am Äquator, wo die senkrecht stehende Sonne die Luftmassen derart erwärmt, dass sie bis in große Höhen aufsteigen und nach Norden und Süden abfließen. Auf ihrem Weg nach Norden kühlen sie ab, sinken dadurch in geringere Höhen und fließen von dort zum Tiefdruckgebiet am Äquator zurück. Die unteren Luftschichten nehmen dabei vom Meer Feuchtigkeit auf. An den höheren Berghängen des Nordostens werden die feuchtkalten Passatwolken dann zum Aufsteigen gezwungen, verwirbeln mit den wärmeren höheren Luftschichten, kondensieren und befeuchten so die Nordosthänge der Inseln.

EL SILBO

Die von unzähligen tiefen Schluchten durchzogene Bergwelt von La Gomera hat eine Kommunikation hervorgebracht, die einmalig auf der Welt ist. Um sich über die tiefen *barrancos* und Täler hinweg verständigen zu können, entwickelten die Ureinwohner eine Pfeifsprache, die durchdringender ist als das gesprochene Wort und bei günstigen Windverhältnissen bis zu 6 km weit zu hören ist. In Notfällen konnte so Hilfe herbeigepiffen werden, und neben Klatsch und Tratsch ließen sich wichtige Nachrichten innerhalb von

Über den Wolken: Blick vom Mirador de Jinama auf El Hierro

Stunden über die ganze Insel verbreiten. Als Francotruppen auf La Gomera einmarschierten, diente El Silbo als Geheimsprache für den Widerstand. Gepfiffen wird die spanische Sprache. Tonhöhe und Länge des Pfiffs modulieren die unterschiedlichen Silben. Dabei wird der abgeknickte Zeigefinger in den Mundwinkel gelegt und die Zunge nach hinten gebogen. Die andere Hand bildet einen Schalltrichter. Die sehr hohen Tonlagen erinnern an das Zwitschern von Kanarienvögeln. El Silbo wurde von der Unesco zum schützenswerten Kulturgut erklärt. An den Grundschulen ist El Silbo mittlerweile Pflichtfach.

STRÄNDE

Der Strände und des Badens wegen kommen zwar die Wenigsten nach La Gomera und El Hierro, doch auch aktive Urlauber springen nach vollbrachter Wanderung oder Radtour gern in den kühlen Atlantik. Meist muss man sich mit dunklen Kiesstränden ohne jeden Service zufrieden geben. Ein klassisches Beispiel hierfür ist in Valle Gran Rey die Playa del Inglés, die sogenannte Schweinebucht. Während der Ozean im Winter gegen den Kiesstrand brandet, finden die Badegäste im Sommer reichlich Sand vor. Das ganze Jahr über sandig ist nur die Minibucht im Hafen Vueltas und in Teilen der Strand zwischen Playa und Puntilla. Wer die umständliche Anfahrt nicht scheut, genießt an der Playa de Alojera im Westen einen teils sandigen Kiesstrand. Romantisch hier die Abgeschiedenheit und die Sonnenuntergänge. Mehr Sand ist nicht drin: In Vallehermoso wurde mangels Bademöglichkeit sogar ein Pool geschaffen; natürlicher ist das benachbarte felsige Meeresschwimmbecken in Hermigua. Im Osten sind die Playa de la Caleta und der Lieblingsstrand der Stadtbewohner San Sebastiáns, die Playa Abalo, einen Badeabstecher wert. Hauptbadeort auf El Hierro ist La Restinga. Im Norden eignet sich die geschützte Playa de la Caleta am besten zum Baden.

TERRASSENFELDER

Die zerfurchte Topografie auf La Gomera und damit verbunden die Knappheit an Anbauflächen zwang die Bauern schon immer, überall auf der Insel Terrassenfelder anzulegen. Dazu wurden in mühevoller Arbeit große Lesesteine aufeinander geschichtet und ohne Mörtel ineinander verkeilt. So entstanden bis zu 4 m hohe Terrassenmauern. Besonders im Valle Gran Rey ist eine Terrassenlandschaft zu bestaunen, die auf den Kanaren ihresgleichen sucht. Zwischen den Feldern verlaufen Bewässerungskanäle, die nach einem ausgeklügelten System das Wasser verteilen.

TOURISMUS

Im Gegensatz zu Teneriffa oder Gran Canaria hat sich auf La Gomera und El Hierro ein sanfter Tourismus entwickelt. Obwohl manche Reisenden, die das Valle Gran Rey noch aus den

1970er-Jahren kennen, sich beim Anblick der heutigen Hotelanlagen entsetzt abwenden, ist in den Orten in der Mitte und im Nordteil von La Gomera noch vieles beim Alten geblieben. Vollkommen gegen den Trend der großen Inseln stellt sich die Situation auf El Hierro dar, wo der Tourismus eine untergeordnete Rolle spielt. An erster Stelle stehen bei den Herreños landwirtschaftliche Kooperativen, Naturschutz und Tradition.

Sandstrände gibt es wenige: Hauptbadeort auf El Hierro ist La Restinga

WASSER

Im Gegensatz zu den anderen Kanarischen Inseln verfügt La Gomera über ausreichend Wasser aus natürlichen Quellen. Begünstigt sind besonders die Täler im Norden der Insel und vor allem das Valle Gran Rey, durch dessen oberen Talabschnitt das ganze Jahr über ein kleiner Bach fließt. Von hier wird es in Tanks geleitet und läuft dann durch Bewässerungsgräben auf die Felder. Zusätzlich wird noch Regenwasser in einigen Stauseen aufgefangen.

Wasserknappheit gab es nur zu Zeiten, als über 30 000 Menschen auf La Gomera lebten. Als dann noch Großgrundbesitzer die bis dahin wegen häufiger Piratenüberfälle gemiedenen Taldeltas mit Monokulturen bepflanzten und dafür viel Wasser benötigten, kam es zum sogenannten Wasserkrieg. Nach einigen tätlichen Auseinandersetzungen einigte man sich darauf, das Wasser zu teilen.

MUSIK, SPIEL UND TANZ

Feierlichkeiten rund ums Jahr: heilige Feste, bunte Folklore und heiße Rhythmen

> Fast alle Orte auf La Gomera und El Hierro feiern wenigstens einmal im Jahr ihre eigenen Feste. Dabei ist der Anlass weniger wichtig als die Möglichkeit, mit Musik, Tanz und Spiel die sozialen Kontakte zu fördern und das eigene Temperament aufleben zu lassen. Manche Feste stammen noch aus der Zeit vor der Eroberung der Insel und sind entsprechend traditionsbewusst. Die Feste führen auch die Familien zusammen, selbst der entfernteste Onkel darf nicht fehlen. Doch im Mittelpunkt stehen immer die Kinder, die auch nach Mitternacht noch aufgekratzt herumtoben.

GESETZLICHE FEIERTAGE

1. Jan. *Año Nuevo (Neujahr);*
6. Jan. *Los Reyes (Heilige Drei Könige); Gründonnerstag; Karfreitag;*
1. Mai *Día del trabajo (Tag der Arbeit);*
30. Mai *Día de Canarias (Tag der Kanarischen Inseln);* **25. Juli** *Santiago (Schutzpatron);* **15. Aug.** *Asunción (Mariä Himmelfahrt);* **12. Okt.** *Día de la Hispanidad (Entdeckung Amerikas);*
1. Nov. *Todos los Santos (Allerheiligen);*
6. Dez. *Día de la Constitución (Tag der Verfassung);* **8. Dez.** *Inmaculada Concepción (Mariä Empfängnis);* **25. Dez.** *Navidad (Weihnachten)*

FESTE

Januar

6. Januar, *Los Reyes:* Eine blumengeschmückte Prozession zieht mit Musik durch den Schilfdschungel im Valle Gran Rey. anschließende wird eine Fiesta auf dem Kirchplatz gefeiert; eine ähnliche Veranstaltung findet auch in San Sebastián statt.

April

24. April, *San Marcos:* Fiesta in Agulo, dem für viele schönsten Ort auf der Insel La Gomera. Auf dem Festplatz des Orts werden große Feuer entfacht, durch die junge Männer zur Mutprobe springen.

Aktuelle Events weltweit auf www.marcopolo.de/events

> EVENTS FESTE & MEHR

Juni

Insider Tipp Erster Sonntag: Zur *Fiesta de Apañada* strömt ganz El Hierro nach San Andrés. Neben dem traditionellen Viehmarkt gibt es Musik, Essen und Trinken satt.

Juli

Anfang Juli: Die Fischer von El Hierro laden zur *Fiesta de los Pescadores* nach La Restinga. Unter Schirmherrschaft der örtlichen Fischereigenossenschaft werden köstliche Fischgerichte zubereitet.

16. Juli: ★ *Fiesta de la Virgen del Carmen* in Valle Gran Rey, Playa de Santiago und Vallehermoso (hier alle fünf Jahre, das nächste Mal 2010). Ein absolutes Muss für alle Besucher der Insel. Die Schutzpatronin der Fischer wird mit einer Schiffsprozession zwei Tage lang groß gefeiert. Ein abwechslungsreiches Rahmenprogramm mit Salsa-Bands und einem gigantischen Feuerwerk am Hafen im Valle Gran Rey machen dieses Fest zu einem besonderen Erlebnis.

Alle 4 Jahre im Juli (2005): Zur *Bajada de la Virgen de los Reyes* kommen die Besucher selbst aus Übersee nach El Hierro, die Insel ist über Wochen hinweg ausgebucht. In einer riesigen Prozession wird die Marienfigur, begleitet von zahlreichen Musikern und Tanzgruppen, über die ganze Insel hinweg nach Valverde getragen.

September

11. September: *Nuestra Señora de Buen Paso,* eine noch sehr ursprüngliche und stimmungsvolle Wallfahrt vom Ort Alajeró zum Roque Calvario mit anschließendem rauschendem Fest auf dem Dorfplatz

November

30. November: *San Andrés,* Weinfest in den Gebieten Vallehermoso und Hermigua mit jeder Menge Tanzvergnügen und Proben des neuen Weins

> FRISCHER FISCH UND SCHARFE SAUCEN

Die Ziege vom Hirten, das Gemüse vom Bauern und der Thunfisch vom Kutter: Die kanarische Küche ist einfach und gut

> Die traditionelle Küche auf La Gomera und El Hierro ist einfach und bodenständig. Dennoch hat jeder Koch sein eigenes Geheimnis, um jedem Gericht einen ganz besonderen Geschmack zu verleihen.
Wegen der Hitze nehmen die Bewohner mittags meist nur eine kleine Zwischenmahlzeit *(tapas)* ein, beispielsweise Kartoffelomletts *(tortilla)*, würzige Hackfleischklöschen *(albodigas)*, Thunfischsalat *(ensalada de atún)* oder knusprig gebratene Hühnchenschlegel *(muslo de pollo)*. Abends hingegen, allerdings meist erst nach 22 Uhr, füllen sich die Lokale der Einheimischen.

Am Anfang eines solchen kanarischen Essens stehen verschiedene Vorspeisen *(condutos)*, die die Gäste meist aus der Vitrine wählen können. Spezialitäten sind die Blutwurst nach Art des Küchenchefs *(morcilla al estilo del chef)*, frittierte Muränenstücke *(morenas fritas)*, Tintenfische in

ESSEN & TRINKEN

Vinaigrettesauce *(pulpos a la vinagreta)*, marinierte Sardinen *(sardinas en escabeche)*, mit Kräutern angebratene Leberstückchen *(carajacas)* oder auch hauchdünn geschnittene Scheiben vom rohen Schinken *(jamón serrano)*. Sehr beliebt sind grüne Peperoni, in Olivenöl angebraten und stark gesalzen *(pimientos de padrón)* oder ein frisch angemachter gemischter Salat *(ensalada mixta)*, in dem neben Gurken, Tomaten und grünem Salat auch Mais, Zwiebeln, Spargel und Avocadostückchen enthalten sind.

An Suppen gibt es typischerweise eine Reissuppe mit kleinen Fischstückchen *(sopa de arroz)*, die köstliche Suppe mit Wasserkresse *(potaje de berro)* oder die gehaltvolle Gemüsesuppe *(potaje de verdura)*. Manchmal kommt auch eine einfache Tomatensuppe *(sopa de tomate)* oder eine etwas kräftiger schmeckende

Kürbissuppe *(sopa de pantana)* auf den Tisch. Schon bei den Altkanariern gab es fast täglich deftige Eintopfgerichte, in denen alles landete, was die Selbstversorgerwirtschaft hergab. Angedickt wurde mit dem nahrhaften, ballaststoffreichen *gofio,* einem Mehl aus geröstetem Getreide und Mais. Diese bekömmlichen Gerichte werden heutzutage nur noch im Kreis der Familie oder in wenigen Kneipen in den Bergdörfern serviert.

In vielen Restaurants glüht in der Ecke ein großes Grillfeuer, auf dem Lendenfilets *(solomillo),* Schweinekoteletts *(chuletas),* Schweineripp-

> SPEZIALITÄTEN

Genießen Sie die typisch kanarische Küche!

ENTRATES (VORSPEISEN)

caracoles en salsa de almendras – Schnecken in einer Sauce aus Knoblauch, Pfefferschoten, Kreuzkümmel und gemahlenen Mandeln

chicharrones – erkaltete Grieben von mit Zwiebeln oder Schinkenstücken ausgelassenem Schweinefett, mit etwas Zitrone beträufelt

CARNES (FLEISCHGERICHTE)

cabrito al horno – in einer Marinade aus Knoblauch, Salz, Pfeffer, Thymian und Muskatnuss eingelegtes Zicklein, im Ofen mit Tomaten, Zwiebeln und Lauch geschmort

conejo en salmorejo – in Wein mit zerstoßenen Gewürzen eingelegtes Wildkaninchen, am nächsten Tag in der Marinade gegart und mit Kreuzkümmel und Paprika gewürzt

morcilla al estilo de chef – in Scheiben geschnittene Blutwurst, geschmort in Zwiebeln und Tomaten, mit Muskatnuss und Thymian abgeschmeckt

potaje de berros – Kresseeintopf mit Bohnen, Kürbis, Kartoffeln, Maiskolbenstückchen, Schweinerippchen, Tomaten und Kresse

puchero canario – Eintopf aus Kichererbsen, Möhren, Kohl, Mais, Bohnen, Kürbis, Zwiebel, Tomaten, Schweinefleisch und Paprikawurst

POSTRES (NACHSPEISEN)

almendrados – Mandelmakronen aus geschlagenem Eiweiß und gemahlenen Mandeln, abgeschmeckt mit Zitrone und Zimt

plátanos con miel – warm servierte, gebackene Bananen, mit Honig und etwas Rum übergossen

quesadilla casera – hausgemachter Käsekuchen, meist aus feinem Ziegenkäse, unterlegt mit Rosinen und mit Zimt und Anislikör verfeinert

torta de almendras – Mandeltorte, gewürzt mit Zimt, fein geriebener Zitronen- und Orangenschale

chen *(costillas),* Lammfleisch *(cordero),* Hähnchen *(pollo)* oder eine Bauernbratwurst *(salchicha)* zubereitet werden. Wildkaninchen *(conejo)* oder Zicklein *(cabrito)* hingegen werden einige Tage zuvor eingelegt und dann im Ofen gegart.

Das wohl bekannteste kanarische Gericht sind kleine gesalzene Schrumpelkartoffeln *(papas arrugadas),* die mit pikanten Saucen gewürzt werden, der grünen *mojo verde* und der roten *mojo rojo.* Für die grüne *mojo* werden Knoblauch, Koriander und etwas Salz im Mörser zerstoßen und mit Essig und Öl verrührt. Grundlage für die scharfe rote *mojo* sind Chilischoten, Knoblauch, Essig und Öl. Sehr pikant ist auch *almogroto,* geriebener alter Ziegenkäse mit *mojo rojo* vermischt und glatt gestrichen.

Fischliebhaber kommen auf La Gomera und El Hierro voll auf ihre Kosten. Generell gilt, dass Fisch immer dort gegessen wird, wo er auch gefangen wird, also auf La Gomera beispielsweise in Playa de Santiago oder auf El Hierro in La Restinga. Die fangfrischen Fische *(pescado fresco)* wie Riesenzackenbarsch *(cherne),* Seehecht *(merluza),* Zahnbrasse *(pargo* oder *sama),* Goldbrasse *(dorado)* Papageienfisch *(vieja)* sind alle zu empfehlen. Ebenso Thunfisch *(atún),* Seezunge *(lenguado),* Tintenfische *(chocos)* und Krabben in Knoblauchöl *(gambas al ajillo)* oder die Fischsuppe *(sopa de pescado).* Sehr lecker sind auch Variationen mit Meeresfrüchten wie z. B. gegrillte Felsmuscheln *(lapas a la plancha)* oder gedünstete Miesmuscheln *(mehillones al vapor).*

Restaurant zwischen Himmel und Meer: Mirador de la Peña auf El Hierro

Kaffee gibt es in mehreren Variationen: neben dem Espresso *(café solo)* den kleinen Kaffee mit Kondensmilch *(cortado),* manchmal zusätzlich mit frischer Milch *(cortado leche leche),* oder den großen Milchkaffee *(café con leche).*

Der Inselwein vom Fass *(vino del país)* schmeckt kräftig herb. Kultivierte Flaschenweine kommen aus dem Norden von La Gomera *(Roque Cano)* oder von El Hierro *(viña frontera).* Biertrinker haben die Wahl zwischen einem kleinen gezapften Bier *(caña)* oder dem großen Humpen *(jarra)* und Flaschenbier *(botella).* Freunde des Hochprozentigen probieren den selbst gebrannten Tresterschnaps *(parra).*

BAUERNMARKT UND TÖPFEREI

Ob Biogemüse, Lederschuhe nach Maß oder Tonkrüge: Naturprodukte sind in auf La Gomera

> In vielen Dingen hat sich La Gomera das rechte Maß bewahren können. Das gilt auch für das Einkaufen: Zwar hat sich in den letzten Jahren so mancher Tante-Emma-Laden zu einem kleinen Supermarkt *(supermercado)* gemausert. Doch immer noch überwiegt eine angenehme und persönliche Atmosphäre in den Geschäften. Oft sprechen die Verkäufer nur wenig Englisch oder Deutsch. Kunden, die ein bisschen Spanisch sprechen, haben es deshalb meist etwas leichter. Aber auch die Verständigung über Zeichensprache ist kein Problem.

KULINARISCHES

Insider Tipp

Keinesfalls versäumen sollten Sie den Besuch des *Bauernmarkts* in San Sebastián, wo vor allem Gemüse und Obst aus biologischem Anbau gefragt sind. Und natürlich frischer Ziegenkäse. Blütenweiß, weich und mild, so schmeckt er am besten. Ein schönes Mitbringsel ist auch ein Glas Palmenhonig *(miel de palma)*, der aus dem Saft der Palmen gewonnen wird. Oder eine Flasche selbst gemachter Kräuterlikör *(montanero)*, der allerdings fast nur in den Bergdörfern erhältlich ist.

KUNSTHANDWERK

In den Bergen und im Norden der Insel ist teilweise noch das traditionelle Handwerk lebendig. Die freundlichen Töpferinnen von El Cercado brennen ihre einfachen, aber ansprechenden Tonformen im Holzfeuer und beraten ihre Kunden ausführlich, sofern diese wenigstens ein paar Brocken Spanisch beherrschen. Wer mit der Kommunikation Probleme hat, kann sie bei ihrer Arbeit in der offenen Werkstatt beobachten und die fertige Ware im Regal begutachten. Da die Inselregierung seit Neuestem mit Nachdruck den Verkauf von auf La Gomera gefertigten Produkten fördert, sind die Töpferinnen zu einer Art Markenzeichen geworden.
Typische Lochstickereien und gewebte Decken werden in Kunsthandwerksgeschäften *(artesanía)* verkauft. Dort können Sie neben allerlei Kitsch auch hand-

> EINKAUFEN

gemachte Trommeln *(tambores)* und aus hartem Holz geschnitzte, riesige Kastagnetten *(chacaras)* erstehen. Beide finden bei den häufigen Prozessionen als Musikinstrumente Verwendung. In La Playa ist der *Gomera Lounge Shop* erwähenswert. Die Räume sind hell und großzügig, verkauft wird vorrangig Kunsthandwerk, aber auch Wein, Lebensmittel und Musikinstrumente. Eine Besonderheit ist der exklusiv auf La Gomera gekelterte Bananensekt. Die Bananenchips, auf die die Einheimischen stehen, passen zur nahen Strandszene allerdings weniger gut als die Kukuxumusu-T-Shirts, die im *Aganda-Shop* zu haben sind.

LEDERWAREN

In der Lederwerkstatt im Valle Gran Rey *(Taller de Artesanía la Zapatería)* werden zu günstigen Preisen Schuhe nach Maß gefertigt. Art und Farbe des Leders und die Form bestimmt der Kunde. Passend dazu werden Gürtel und schöne Lederhandtaschen angeboten.

MODE

Überraschend wenig an Mode und Trend zu bieten hat die Hauptstadt San Sebastián. Die meisten für den Touristen relevanten kleinen Geschäfte ballen sich im Valle Gran Rey. Zentrum und Haupteinkaufsstraße ist die Calle Abisinaia in Vueltas nahe dem Hafenbecken. Da der Bereich zur Fußgängerzone umfunktioniert ist und einige Café-Bars die Szene auflockern, macht hier das Flanieren auch am meisten Spaß. Neben dem kleinen *supermercado Anita* reihen sich mit *Ansiria, Larimar, Tienda Anja's, Black Market* und *Namasti* vor allem kleine Mode- und Souvenirläden wie Perlenschnüre aneinander. Außer Kleidung – zum Teil schöne Bio- und Ethnostücke aus Leinen, Hanf oder Naturseide – gibt es hier vor allem eine umfassende Auswahl an Naturkosmetik, Schmuck, Kunsthandwerk und Geschenkartikel. Gefragt sind auch kanarische Aloe-Vera-Produkte, natürliche Heilmittel, farbenfrohe Tücher und Stoffe mit exotischen Mustern.

> DIE SONNIGE SEITE BIETET NICHT NUR BADEFREUDEN

Die Terrassenlandschaften des Valle Gran Rey, traditionsreiche Bergdörfer, malerische Häfen und ein Meer von Palmen im ewigen Frühling

> Die Hauptstadt San Sebastián de la Gomera bildet zusammen mit dem Fährhafen das Zentrum der Ostküste. Im Flussdelta des mächtigen *Barranco de la Villa* gelegen, ist sie der einzige zugängliche Ort an einer schroffen, unwirtlichen Steilküste mit unwegsamen Schluchten und Meeresbuchten.

Interessant sind die kulturellen Sehenswürdigkeiten der Hauptstadt und die nahe, malerische Schlucht von La Laja, mit Stauseen, Orangenhainen und schönen Bergdörfern. Beliebtes Wandergebiet sind die einsamen Höhen des Enchereda-Gebirges im Nordwesten von San Sebastián.

Von der Hauptstadt aus erreichen Sie den Süden der Insel über die Carretera del Sur in einer Stunde. Die regenarme und karge Landschaft wird bestimmt von trockener Strauchvegetation und verwitterten Getreideterrassen. Auf den zum Meer hin steil abfallenden, tabakbraunen Bergrü-

Bild: Valle Gran Rey

DER SÜDEN

cken wirken die vereinzelten Palmengruppen, die Bananenpflanzungen und die Gemüsefelder um die winzigen Weiler wie grüne Oasen.

PLAYA DE SANTIAGO

[115 D6] Der sonnenverwöhnte Küstenort mit knapp 2000 Einwohnern besteht aus drei Ortsteilen: der *Playa de Santiago* am Hafen, dem alten Ortsteil *Laguna de Santiago* inmitten von Blumengärten und Bananenfeldern und dem hoch gelegenen Weiler *Tecina* mit dem Hotel Tecina. Hier hat das Imperium Fred Olsen in den letzten Jahren eine weitläufige Golflandschaft geschaffen.

Die Playa de Santiago ist aus dem alten Hafenviertel entstanden und hat ihr Erscheinungsbild in den letzten Jahren stark verändert. In den zahl-

PLAYA DE SANTIAGO

Kieselstrand bei Playa de Santiago

reichen Restaurants sitzt man gemütlich an der Strandpromenade oder am kleinen Hafen und genießt die Aussicht und den frischen Fisch. Die Plaza Nuestra Señora del Carmen an der Hafenpromenade ist Mittelpunkt des dörflichen Lebens der Einheimischen.

ESSEN & TRINKEN

AVENIDA

Das Lokal an der Strandpromenade von Playa de Santiago wartet mit einem großen Angebot an Pizzas auf. Es werden aber auch Fischgerichte und Steaks zubereitet. *Avenida Marítima, 37 | Tel. 922 89 54 98 | Do geschl.* | €€

LA CUEVITA

In eine Naturhöhle gebautes Restaurant in rustikalem Stil, direkt am Hafen gelegen. Das etwas höhere Preisniveau entspricht dem besonderen Ambiente. Spezialität des Hauses: *vieja,* ein schmackhafter Papageienfisch. *Avenida Marítima, 60 | Tel. 922 89 55 68 | So geschl.* | €€€

JUNONIA

Bei schönem Hafen- und Meerblick sind vor allem die frischen Fischgerichte in aller Munde. Die Küche ist auf einheimische Kost spezialisiert. *Avenida Marítima | Tel. 922 89 54 50 | Di geschl.* | €€

PLAYA

Das Lokal zeichnet sich durch seinen stets freundlichen Service aus. Serviert werden Tapas und leckere kanarische Gerichte, Spezialitäten wie Thunfisch in Mandelsauce und Tintenfisch. Außentische auf der Promenade am Meer. *Avenida Marítima, 46 | Tel. 922 89 51 47 | Mo geschl.* | €

ÜBERNACHTEN

GAVIOTA

Pension mit freundlichen, sauberen Zimmern, zentral an der Plaza Nuestra Señora del Carmen gelegen. *10 Zi. mit Balkon | Avenida Marítima, 35 | Tel. 922 89 51 35 | Fax 922 89 52 31 | www.pensionlagaviota.com* | €

JARDÍN TECINA

Elegantes Vier-Sterne-Clubhotel am Rand der Steilküste, gestaltet als weitläufiges Ensemble mit Bungalows im kanarischen Stil und eingebettet in eine üppig angelegte und gut gepflegte Grünanlage mit mehreren schönen Swimmingpools. Konzipiert als kleines Dorf, verfügt das Jardin Tecina über eine integrierte Shoppingmeile, mehrere Restaurants, Friseur, Sauna, Diskothek, Autovermietung, Kinderbetreuung auf Wunsch und einen Aufzug zum eigenen Strand mit Bar/Restaurant. Hinzu kommt ein umfangreiches Sportangebot: zwei Squash- und fünf Tennisplätze, Fitnessraum, Tauchschule, Golfanlage. *434 Zi. | Lomada de Tecina | Tel. 922 14 58 50 | Fax 922 14 58 51 | www.jardin-tecina.com* | €€€

APARTAMENTOS NODA

Modern ausgestattetes Haus in Hanglage, helle Zimmer mit Balkon und Blick aufs Meer. Die ✻ Apartments im oberen Stockwerk sind wegen der Aussicht sehr beliebt und werden deshalb oft lange im Voraus gebucht. *4 Apartments | Laguna de Santiago, 73 | Tel. 922 89 50 87* | €

APARTAMENTOS TAPAHUGA

Zweistöckiger, gepflegter Neubau mit Marmorfliesen und Holzdekor, neben dem Hotel Tecina die beste Adresse in Playa de Santiago. Luxuriöse Zimmer, entweder zum Meer, auf die Berge oder zum atmosphärischen Innenhof. Mit Swimmingpool auf der großräumigen Sonnenterrasse. Minimumaufenthalt vier Tage. *29 Apartments | Avenida Marítima, 52 | Tel. 922 89 51 59 | Fax 922 89 51 27 | www.tapahuga.com* | €€

FREIZEIT & SPORT

BADEN

Baden ist in Santiago nur an Kiesstränden möglich. Hierzu bieten sich

MARCO POLO HIGHLIGHTS

★ Barranco de Benchijigua
Traditionelle Bergdörfer in faszinierender Schluchtenlandschaft (Seite 34)

★ El Drago
Uralter Drachenbaum in einem lieblichen Tal oberhalb von Alajeró (Seite 35)

★ Playa del Inglés
Kalkstrand in malerischer Landschaft (Seite 49)

★ Barranco de las Lajas
Herrliche Schlucht nahe San Sebastián, mit malerischen Stauseen und urigen Bergdörfern (Seite 40)

★ San Sebastián
Strände unter Bäumen vis-à-vis schöner Kolonialgebäude (Seite 36)

★ Ermita de Santo
Umwerfender Tiefblick auf die schroffe Westküste mit ihrer wilden Gebirgskulisse (Seite 52)

★ Bergdörfer
Traditionelle Küche, uralte Töpferkunst, Ackerbau und Viehzucht (Seite 52)

★ Valle Gran Rey
Terrassenfelder, Palmenhaine und Bananenplantagen (Seite 42)

der lange Strand direkt an der Playa de Santiago oder die kleinere Bucht am Hafen an. Gegen eine Eintrittsgebühr (2,50 Euro) sind auch der Swimmingpool und der Strand des zum Hotel Tecina gehörenden *Club Laurel (tgl. 8–22 Uhr)* nutzbar..

AUSKUNFT

OFICINA DE TURISMO

Edificio Las Vistas Local 8 | Avenida Marítima, s/n | Tel. 922 89 56 50 | Fax 922 89 56 51

ZIELE IN DER UMGEBUNG

AEROPUERTO [114 C6]

Für viele Gomeros war der Bau des Flughafens schon fast eine Frage der Ehre, denn bereits seit 1970 gibt es auf der kleineren Nachbarinsel El Hierro einen Flugplatz. 1999 wurde der Flughafen 2 km westlich von Playa de Santiago fertig gestellt. Zugelassen sind nur Propellermaschinen für den insularen Verkehr nach Gran Canaria und Teneriffa Nord, nach El Hierro jedoch leider nicht. Allem Anschein nach erweist sich das prestigeträchtige Unternehmen als wirtschaftlicher Flop. Die meiste Zeit wirkt der Flughafen wie verwaist, das architektonisch ansprechend gestaltete Flughafengebäude ist um mehrere Nummern zu groß geraten. Wegen des geringen Verkehrsaufkommens reicht es bei Flügen vollkommen, 15 bis 20 Minuten vor Abflug einzuchecken. Insider Tipp

ALAJERÓ [114 C5]

10 km nordwestlich von Playa de Santiago gelangen Sie in den reichen Siedlungsort Alajeró (800 Ew.). Das abseits der Straße gelegene, malerische Ortszentrum erreichen Sie nur über einen mit *Casco de Alajeró* beschilderten Abzweig. Hier finden Sie das neue Rathaus mit dem Sitz der Gemeindeverwaltung und die zu Beginn des 16. Jhs. entstandene Pfarrkirche *El Salvador* mit ihrem steinverkleideten Glockenturm. Vom nahe gelegenen *Roque Calvario* (807 m) eröffnet sich nach knapp 15 Minuten Fußweg ein wunderbarer Ausblick auf die Südküste und die Nachbarinsel El Hierro. Speisen können Sie im *Las Palmeras, Carretera General Alajeró, s/n | Tel. 922 89 54 71 | Mo geschl. | €€*, einem der beliebtesten Restaurants der Insel. Die Einrichtung ist rustikal, die gomerianische Küche hervorragend. Empfehlenswert: *garbanzos* (Kichererbseneintopf), Brunnenkressesuppe, Ziegenfleisch und der Nachtisch *leche asada* (gebackene Milch).

Am Ortsrand von Alajeró auf 800 m Höhe befindet sich das *Hotel Suite El Paso,* ein modern angelegter Komplex mit 30 stilvoll eingerichteten Suiten *(Lomo de Cardos | Tel. 922 89 54 44 | Fax 922 89 53 20 | www.elpasohs.com | €€€)*. Fragen Sie an der Rezeption nach der Suite Nr. 17, denn die hat die geräumigste Terrasse sowie den besten Blick auf das Meer und die Nachbarinsel El Hierro. Wer Halbpension bucht, tafelt abends im guten Restaurant direkt am kleinen Pool. Insider Tipp

BENCHIJIGUA [114 C4]

Das traditionsreiche Bergdorf liegt 12 km nördlich von Playa de Santiago auf etwa 600 m Höhe inmitten des Naturschutzgebiets ★ *Barranco de Benchijigua*. Heute ist dieser ehemals fast ausgestorbene Ort zu Füßen des Roque Agando eine mit Mitteln der EU subventionierte Modellsiedlung mit originalgetreu rekonstruierten Häusern und von Solarzellen betriebenen Straßenlaternen.

EL DRAGO ★ [114 C5]
Nördlich von Alajeró finden Sie den ausgeschilderten, mit Steinen angelegten Weg zum mythenumrankten einzigen Exemplar eines Drachenbaums auf La Gomera. Majestätisch steht er mit seiner ausladenden Krone zwischen Palmen und Mandelbäumen in einem einsamen Tal. Wer den einstündigen Weg scheut, kann von einer Plattform auf halber Strecke einen Blick auf den jahrhundertealten Baum werfen.

IMADA [114 C4]
Hinter dem Ort Alajeró lohnt sich ein kurzer Abstecher zu dem idyllisch gelegenen Örtchen Imada 14 km nordwestlich von Playa de Santiago am Fuß des *Roque de Imada* (1083 m). Angesiedelt in einem eindrucksvollen Bergmassiv, liegt der verschlafene Ort im palmenreichen Tal des Barranco de Guarimiar. Den schönsten Blick auf die Ortschaft haben Sie am Ende der Straße, im oberen Teil des Tals.

An einem Steilhang liegen die Häuser des Dorfs Benchijigua

LO DEL GATO [114 D5]
Vollkommen einsam und teilweise auch verlassen liegt der uralte Ort Lo del Gato 10 km nördlich von Playa de Santiago mitten in der schroffen Felslandschaft der Schlucht von Ben-

chijigua. Zwischen grünen Terrassenfeldern angesiedelt, bezaubert er durch seine Lage und den traditionellen Baustil einiger erhaltener Langhäuser.

Ein paar deutsche Aussteiger haben sich, in fast klösterlicher Abgeschiedenheit, hier eingenistet, um in sauberer Luft und mit klarem Quellwasser biologischen Anbau zu betreiben. Den sehr fotogenen Ort erreichen Sie entweder mit dem Auto über eine Staubpiste, die etwa 200 m vor dem Ort Benchijigua nach links abbiegt, oder zu Fuß über den Wanderweg von Pastrana aus.

SAN SEBASTIÁN

KARTE IN DER HINTEREN UMSCHLAGKLAPPE

[115 F4] ★ **Die Inselhauptstadt ist mit knapp 8000 Einwohnern das Zentrum der größten gleichnamigen Gemeinde und Sitz der Inselregierung (Cabildo Insular).** In direkter Nähe des Hafens befinden sich die historischen Bauten aus der Eroberungszeit: das alte Zollhaus, das älteste Bauwerk der Stadt (15. Jh.), der Grafenturm, das Rathaus und das Kolumbushaus. Das Rathaus mit Turmuhr und die angrenzenden Häuser mit Holzbalkonen und aufwendigen Schnitzereien sind schöne Beispiele alter kanarischer Architektur. In Sichtweite bestimmen zwei zentrale Plätze das Stadtbild: die palmenbestandene *Plaza de las Américas* und die *Plaza de la Constitución* mit ihren wuchtigen indischen Lorbeerbäumen. Bei einem Kaffee oder Fruchtsaft können Sie von beiden Plätzen aus das lebendige städtische Treiben verfolgen, das so kein anderer Ort der Insel zu bieten hat.

SEHENSWERTES

ALTES ZOLLHAUS UND POZO DE COLÓN [U D4]

Das einstige Zollhaus beherbergt heute die Touristeninformation. Frü-

Der Torre del Conde in San Sebastián stammt aus dem 15. Jh.

her wurde es als Zwischenlager für Exportwaren und als Auftankstelle für Wasservorräte genutzt, zeitweise auch als Gefängnis sowie als erstes Grafenhaus. Im Innenhof steht der Steinbrunnen Pozo de Colón, aus dem Christoph Kolumbus für die Reise in die Neue Welt einst sein Wasser geschöpft haben soll. Die Tafel mit der Inschrift erinnert an diese historische Begebenheit. *Mo–Fr 10–13 und 16–18, Sa 10–13 Uhr | Eintritt frei | Calle Real, 4*

CASA DE COLÓN [U C–D3]

In dem 1979 renovierten Haus soll Christoph Kolumbus mehrmals übernachtet haben. Heute sind hier Modelle bzw. Miniaturen der Kolumbusschiffe, Weltkarten, Keramiken und Kunsthandwerk der Insel ausgestellt. 2006 nach umfangreicher Renovierung neu eröffnet. *Mo–Fr 10–13 und 16–18.30 Uhr | Calle Real, 56*

ERMITA SAN SEBASTIÁN [U C3]

Die nach dem Schutzpatron der Stadt benannte Kapelle aus dem Jahr 1424 ist wohl das älteste christliche Bauwerk auf der Insel. Sie wurde im Lauf der Jahrhunderte mehrmals zerstört und 1994 aufwendig restauriert. *Calle Real, s/n*

GALERÍA DE ARTE LUNA [U D4]

Gelbgrün gestrichenes, altes Steinhaus mit einer Privatsammlung von Werken des österreichischen Künstlers Guido Kolitscher. Die sehenswerten Acrylbilder und Farbradierungen haben ausschließlich Gomeramotive zum Gegenstand. *Mo–Fr 10–13 und 15.30–20 Uhr | Calle Real, 28*

IGLESIA NUESTRA SEÑORA DE LA ASUNCIÓN [U D3–4]

Diese Pfarrkirche, benannt nach der gleichnamigen Schutzheiligen, gilt als wichtigster Sakralbau auf La Gomera. Ursprünglich wurde die einschiffige gotische Kapelle 1450 durch den Inselgrafen Hernán de Peraza den Älteren erbaut. Mehrmals brannte sie ab und fiel Piratenangriffen zum Opfer. Nach 1618 wurde sie durch eine dreischiffige Kirche mit barocker Fassade ersetzt und im 18. Jh. nochmals erweitert. Der spätbarocke *Hochaltar* und die *Christusfigur* stammen vom kanarischen Künstler Luján Pérez (1756–1815), Holzdecke und Holzschnitzereien sind im maurischen Stil angelegt. Das linke Kirchenportal, die *Puerta del Perdón,* erinnert an die grausame List der Beatriz de Bobadilla, der Gattin des Inselgrafen, die sich 1488 an den Einheimischen für die Ermordung ihres Manns rächte. Den am Komplott Beteiligten sollte verziehen werden, wenn sie das „Portal der Vergebung" durchschreiten. Die gutgläubigen Einheimischen wurden jedoch erbarmungslos hingerichtet. *Calle Real, 32*

TORRE DEL CONDE [U C5]

Der in einem Park gelegene, 16 m hohe Festungsturm mit 2 m dicken Mauern wurde 1447 im gotischen Stil von Hernán de Peraza erbaut und Ende des 16. Jhs. vom italienischen Architekten Leonardo Torriani erweitert. Er hielt mehreren Angriffen von Piraten und Aufständen der Einheimischen stand. Im Innern sind alte Landkarten von La Gomera ausgestellt. *Parque de la Torre del Conde*

ESSEN & TRINKEN

BAR LAS CARABELAS [U D4]

Legendärer Treffpunkt in der Inselhauptstadt. Der große, halbrunde Glaspavillon unter riesigen Bäumen öffnet früh. *Plaza de la Constitución | kein Ruhetag* | €

Insider Tipp EL BODEGÓN [U C3]

Die wohl besten Steaks der Insel werden in diesem urgemütlichen Lokal kredenzt. Wechselnde Tageskarte, alle Gerichte werden stets frisch zubereitet. Es gibt nur vier Tische, daher sollten Sie unbedingt vorbestellen. *Calle Ruiz de Padron, 50 | Tel. 922 87 06 24 | Mo geschl.* | €€€

CASA DEL MAR [U D5]

Das gemütliche Lokal befindet sich im historischen Gebäude des Ministeriums für Arbeit und Soziales. Spezialitäten des Hauses sind frischer Fisch, Paella und *Fideuá*, ein spezielles Nudelgericht aus Valencia. *Paseo de Fred Olsen, 2 | Tel. 922 87 03 20 | Di geschl.* | €€

> LOW BUDGET

- Wer zum Erholen da ist und im Valle Gran Rey dennoch ein wenig mobil sein möchte, leiht sich bei *Bikers Inn* z. B. einen Cruiser für nur 7–10 Euro (je nach Mietdauer) pro Tag. Sportlich Trainierte können die Gegend auch mit einem vollgefederten MTB (19 Euro pro Tag) erkunden. *Calle San Miguel | Vueltas | Tel. 922 80 51 42 | www.bikers-inn.eu*
- Das *Oasis* bietet neben der Villa und Bungalows ehemalige Höhlen als günstige Übernachtungsquartiere *(Tel. 922 80 50 17 | www.oasis-galeria.com)*. Auch Maria von der Casa Maria vermietet günstige Zimmer *(Tel. 922 80 50 47)*. Beide Adressen in La Playa

EL CHARCÓN [U F4]

In den Felsen gebautes, gepflegtes Lokal mit ☀ Dachterrasse, von der Sie einen Blick auf die Bucht und die Nachbarinsel Teneriffa haben. Serviert wird kanarische Küche, besonders Fischgerichte, und sehr gute Paella. *Beim Hafen rechts am gesperrten Tunnel vorbei | Playa de la Cueva | Tel. 922 14 18 98 | Mo geschl.* | €€€

VALENCIANO EN PAJAR [U D4]

Das ältestes Restaurant in San Sebastián besticht mit gemütlich-rustikalem Ambiente. Überdachte Terrasse, auf der sich um einen alten Baum und Palmen die Tische gruppieren. Kanarische und valenzianische Küche vom Feinsten. Achten Sie auf das Menüangebot! *Calle Ruiz de Padrón, 26 | Tel. 922 87 03 55 | Mo geschl.* | €€

EINKAUFEN

ARTESANÍA SANTA ANA [U D4]

Die Kapelle Santa Ana aus dem Jahr 1535 beherbergt heute einen Kunsthandwerkerladen. Neben den traditionellen Handarbeiten der Insel (Decken mit Lochstickerei, Taschen, Figuren aus Bananen- und Palmenblättern, Keramikartikel) werden *miel de palma*, Wein, *mojo* und *almogrote* angeboten. *Calle Real, gegenüber der Kirche Nuestra Señora de la Asunción*

DULCERÍA MENDOZA [U D5]
Alte Bäckerei mit inseltypischen Süßwaren und frischem Brot, *mojo* und Marmeladen von der Insel. Im Gebäude nebenan verkauft *Guarapo* ebenfalls authentische Inselware, darunter den so leckeren Ziegenkäse. *Calle Ruiz de Padrón, 6*

Insider Tipp

Insider Tipp

MARKT [U D4]
Mittwochs und samstags findet an der *Avenida de Colòn* neben dem Busbahnhof vormittags ein kleiner, bunter Markt mit landwirtschaftlichen Produkten statt. Zusätzlich können Sie hier frischen Fisch, *miel de palma,* Wein, *mojo* und *almogrote* sowie Süßwaren kaufen.

ÜBERNACHTEN

Insider Tipp

PARADOR NACIONAL CONDE DE LA GOMERA [U E4–5]
Dieses Viersternehotel, gebaut im alten spanischen Herrenhausstil auf einem 70 m hohen Felsvorsprung, zählt zu den schönsten Häusern der spanischen Parador-Hotelkette. Auf Grund der exquisiten Atmosphäre und der gediegenen Einrichtung in kastilischem Stil sind die Zimmer oft Monate im Voraus ausgebucht. Wunderschöner Garten mit tropischen Pflanzen, Pool, Bar und Restaurant mit kanarischen Spezialitäten. Neben verschiedenen Freizeitangeboten werden organisierte Ausflüge veranstaltet. *60 Zi. | Ortsteil La Lomada | Tel. 922 87 11 00 | Fax 922 87 11 16 | www.parador.es* | €€€

APARTAMENTOS SAN SEBASTIÁN [U D4]
Moderne, großräumige Anlage im Stadtkern, um einen hübschen Innenhof gebaut. *10 Zi. | Calle Medio, 20 | Tel. 922 87 10 90* | €€

TORRE DEL CONDE [U C4]
Ein Luxushotel für gehobene Ansprüche, am Park des alten Festungsturms gelegen. Neben dem Parador Nacional ist dies die beste Adresse in San Sebastián. 38 Zimmer mit eleganter Ausstattung, Klimaanlage, Dachterrasse und angegliedertem Bar-Restaurante. *Calle Ruiz de Padrón, 19 | Tel. 922 87 00 00 | Fax 922 87 13 14 | www.hoteltorredelconde.com* | €€€

In einigen Bars gibts Livemusik

VILLA GOMERA [U C3]
Neues, freundliches Hotel mit 16 großräumigen Zimmern in komfortabler Ausstattung. *Calle Ruiz de Pa-*

drón, 68 | Tel. 922 87 00 20 | Fax 922 87 02 35 | €€

AM ABEND

BAR CUBA LIBRE ▶▶ **[U D5]**

In dem von Kubanern geführten Terrassenlokal sitzen Sie draußen unter schattigen Palmen mit Blick auf die historischen Gebäude am Rathausplatz und genießen tropische Fruchtsäfte, Milchshakes oder kubanische Cocktails. Insider Tipp Treffpunkt aller Deutschgomerianer in der Hauptstadt zum Austausch der neuesten Inselgeschichten. *Plaza de las Américas, 18 | kein Ruhetag*

ENIGMAS DISCO ▶▶ **[U D4]**

Die *Disco 2000* am Ende der Hafenpromenade zieht zahlreiche Besucher an. Gespielt werden neben normaler Diskomusik flotte lateinamerikanische Rhythmen, während man auf der Terrasse unter dem Sternenhimmel die Drinks zu sich nimmt. Insider Tipp Vor Mitternacht geht die Party jedoch nicht los. *Avenida de Los Descubridores | direkt am Wendekreisel | Fr/Sa 22–6 Uhr*

EL AMBIGÚ **[U D5]**

Das Café bietet eine gemütliche Atmosphäre mit kleinen Gerichten wie Tapas, leckeren Sandwiches und frisch gepressten Säften. Beliebt ist auch die Terrasse. *Plaza de las Américas, 8 | So geschl.*

AUSKUNFT

OFICINA INSULAR DE TURISMO **[U D4]**

Geschmackvoll gestaltetes Touristenbüro mit hilfsbereitem Personal, das Ihnen umfangreiche Infobroschüren zur Verfügung stellt und Sie gern bei der Urlaubsplanung berät. *Altes Zollhaus | Calle Real, 4 | Tel. 922 14 15 12 | Fax 922 14 01 51 | www.gomera-island.com*

ZIELE IN DER UMGEBUNG

BARRANCO DE LAS LAJAS ★ **[115 D–E4]**

Das enge, grüne Tal oberhalb des *Barranco de la Villa* bildet mit seinen palmenumstandenen Stauseen, vielen Orangen- und Avocadobäumen und den altkanarischen Weilern ein wunderbares Naturparadies. Die kurvige Straße endet nach etwa 9 km beim idyllisch gelegenen Bergdorf *La Laja* am Fuß des *Roque Ojila*. Ein herrlicher Wanderweg Insider Tipp führt von hier zum *Mirador Degollada de Peraza* an der Höhenstraße *Carretera del Sur. Am Ortsausgang von San Sebastián Richtung Carretera del Norte nehmen Sie den Abzweig nach Chejelipes.*

MIRADOR DEGOLLADA DE PERAZA **[115 E4]**

Der auf 950 m Höhe gelegene Mirador bietet Richtung Norden eine wunderbare Aussicht über den Barranco de la Villa auf die Gebirgslandschaft des Enchereda. Vom gegenüberliegenden Terrassenlokal fällt der Blick in die zerklüftete Felslandschaft des Südens.

Der Name des Miradors erinnert an die Ermordung des Grafen Hernán de Peraza des Jüngeren. Im Jahr 1488 rächten die Altkanarier seine Liebesaffäre mit einer Guanchenprinzessin, indem sie ihn hinterrücks erdolchten. *Der Aussichtspunkt liegt etwa 13 km entfernt von San Sebastián, an der Carretera del Sur.*

MIRADOR DE LOS ROQUES [115 D4]
Dieser Aussichtspunkt befindet sich auf etwa 1000 m Höhe beim Felsen *Roque Agando* (1250 m), dem Wahrzeichen und beliebten Postkartenmotiv der Insel. Der nackte, mächtige Basaltfelsen in Form eines Zuckerhuts ist die erstarrte Schlotfüllung eines Vulkans, die nach Erosion der weicheren Gesteinsmassen freigelegt wurde. Zusammen mit den nahe beieinander liegenden Felsmonolithen *Roque Zarzita* (1234 m) und *Roque Ojila* (1170 m) bildete sich so eine majestätisch in den Himmel ragende Felslandschaft.

Ein schmiedeeisernes Denkmal gleich neben dem Roque Agando erinnert an die größte Brandkatastrophe auf der Insel 1984, bei der 20 Personen an dieser Stelle von den Flammen überrascht wurden. Vom Mirador de los Roques aus lassen sich auch häufig die sagenhaften Wolkenwasserfälle beobachten, wenn die Passatwolken als breiter Strom die Berghänge hinunter ins Tal fließen. *Etwa 17 km von San Sebastián, an der Carretera del Sur*

MIRADOR EL SANTO [115 F4]
Die oberhalb von San Sebastián auf einem Felsvorsprung gelegene, 7 m hohe Christusstatue mit dem beeindruckenden Namen *Monumento al Sagrado Corazón de Jesús* erinnert an die Jesusstatue von Rio de Janeiro. Von der Plattform bietet sich Ihnen ein herrlicher Blick über die Stadt San Sebastián und übers Meer zum Pico del Teide auf der Nachbarinsel Teneriffa. *Nach 3 km auf der Carretera del Sur zweigt links eine Piste zu diesem Aussichtspunkt ab.*

Los Roques sind erstarrte Schlotfüllungen von Vulkanen

PLAYA DE LA CUEVA [115 F4]
Den etwas abseits an einer halbrunden Meeresbucht gelegenen Sandstrand mit Wellenbrechern und einem sagenhaften Blick auf Teneriffa und den Teide erreichen Sie rechts am gesperrten Tunnel vorbei gegenüber dem Hafen von San Sebastián.

VALLE GRAN REY

[114 A4] ★ **Von Arure kommend, sollten Sie nach dem ersten Tunnel beim Mirador de Palmarejo einen Stopp einlegen und erst einmal von oben den phantastischen Blick ins berühmte Valle Gran Rey (3500 Ew.) genießen.** Tief unter Ihnen liegt dann ein traumhafter, grüner Talkessel voller Palmenhaine, der eingerahmt wird von über 800 m hohen Steilwänden und sich bis hinunter zum blauen Meer erstreckt. Die Enge des Tals zwang die Bewohner, in mühevoller Arbeit bis in schwindelnde Höhen an den Bergflanken unzählige Terrassenfelder anzulegen. Im Lauf von Jahrhunderten entstand so eine Kulturlandschaft, die vergleichbar ist mit den terrassierten Reisfeldern Südostasiens.

Bei *Guada,* wo die Schlucht des *Barranco del Agua* ins obere Ende des Tals mündet, tritt aus einem mächtigen Felsen eine der ergiebigsten Quellen der Insel. Sie versorgt die Felder das ganze Jahr über ausreichend mit Wasser und speist einen kleinen Wildbach, der im Talgrund romantisch durch einen dichten, mehrere Meter hohen Dschungel aus Bambusrohr plätschert. Wenn nach einem heftigen Regen die Wasserfälle von den Felswänden stürzen, schwillt der Bach zu einem reißenden Fluss an.

An die terrassierten Berghänge schmiegen sich die weißen Häuser kleiner Ortschaften. Sie liegen inmitten von Orangen-, Avocado- und Maulbeerbäumen, blühenden Gärten und Tausenden von Dattelpalmen. Den Abschluss des Valle Gran Rey bildet zum Meer hin ein weites Taldelta mit ausgedehnten Bananenplantagen. Hier endet die Talstraße praktisch in einer Sackgasse, denn eine Küstenstraße, die die Täler des Südwestens miteinander verbinden würde, existiert nicht. Die im Delta verstreut liegenden Orte *La Calera, La Playa, La Puntilla* und das Hafenviertel *Vueltas* bilden das touristische Zentrum der Insel.

SEHENSWERTES

LA CALERA
Am südlichen Ende des Taleinschnitts liegt oberhalb des Flussdeltas das malerische Örtchen La Calera (800 Ew.). Dicht an dicht drängen sich die weiß getünchten Häuser an einen steilen Bergrücken, hinter dem sich über 800 m die Steilwand von La Mérica hochtürmt. Den malerischen Ort durchziehen verwinkelte Gassen und schmale Wege mit aus Naturstein gepflasterten Treppenstufen. Herrlich ist die Aussicht von der dem Meer zugewandten Westseite auf die Bananenplantagen und den weiten Ozean. In den bunten Gärten zwischen den kleinen Häusern spenden Palmen Schatten, und zahllose Bougainvilleen sorgen für leuchtende Farbtupfer. Eingestreut in diese Idylle liegen Läden, Saftbars und

Restaurants. Wer auf engem Raum mit den Einheimischen leben möchte und Ruhe sucht, der kann sich in Privatunterkünften mit traumhaftem Meerblick einmieten. *(Infos in den Bars und Läden nahe der Bushaltestelle).* Am Fuß der Ortschaft befindet sich der Taxistand, und auch der Bus hält hier. Bis zur Playa ist es ein Fußweg von etwa 15 Minuten.

Insider Tipp

häusern mit Holzbalkonen, Bars, Restaurants und Geschäften. An die Ursprünge der Ortschaft erinnern die winzige Kapelle *Ermita San Pedro* und die legendäre Bar und Pension *Casa María,* die immer noch der beliebteste Treff zum Sonnenuntergang ist. Die Bebauung hinter der Promenade ist leider etwas klotzig geraten.

Der dunkle Sandstrand an der Playa ist immer gut besucht

LA PLAYA

Von Calera führt eine Straße hinunter an die Playa. Der kleine Ort (500 Ew.) an einer weiten Bucht mit Sandstrand und Palmen ist in den letzten Jahren kräftig gewachsen und besonders bei Pauschaltouristen sehr beliebt. Kernstück ist eine Strandpromenade für Fußgänger, mit einer Häuserzeile aus kleinen Apartment-

LA PUNTILLA

Von La Playa gelangen Sie über eine Teerstraße an der weiten Bucht entlang nach La Puntilla (300 Ew.). Bis vor wenigen Jahren gab es hier nur ein paar alte Häuser, die urige Strandbar *El Eden,* eine alte *Gofiomühle* und den „Babystrand" *Charco del Conde.* Jetzt ist La Puntilla das neue touristische Zentrum des Tals.

Entlang der palmengesäumten Promenade sind ein großes Hotel, einige architektonisch sehr ansprechende Apartmentanlagen und einige Restaurants entstanden. Vervollständigt wird das touristische Angebot durch kleine Geschäfte, Reisebüros, die Bikestation und den Anbieter für geführte Wandertouren, *Timah*.

TROPISCHER FRUCHTGARTEN ARGAGA

Entlang der Steilwand am Hafen erreichen Sie über eine ungeteerte Straße nach 1 km eine Bucht, in der malerisch eine Finca liegt. Nach links führt ein Weg in die herrliche Insider Tipp Schlucht Argaga, an deren rechter Flanke Sie nach 300 m zum ausgeschilderten tropischen Fruchtgarten gelangen. Die geschützte Lage der tief eingeschnittenen Schlucht und das subtropische Klima erlauben hier den Anbau von mehr als 140 Obst- und Gemüsesorten. Bei einer sachkundigen deutschsprachigen Führung durch die sehr schöne Gartenanlage können Sie interessante Einzelheiten über die Ökologie der Insel erfahren, während Sie gleichzeitig bei etwa einem Dutzend Kostproben von den Früchten naschen. *Di und Fr 10–17 Uhr | Dauer etwa 1,5 Std. | Preis 10 Euro*

VUELTAS

Das quirlige Hafenviertel (600 Ew.) war lange Zeit der bevorzugte Ferienort der Szene – bis moderne Apartmentkomplexe entstanden und der Bau einer neuen Kaimauer in Angriff genommen wurde. Über viele Jahre hinweg wurden die Bewohner von Baulärm und Staub belästigt und suchten zum Teil das Weite. Dem Bauwahn zum Trotz sind die behördlichen Vorschriften im Viertel so penibel, dass die Cafébesitzer in den Gassen keine Stühle ins Freie stellen dürfen.

Die Erweiterung des Hafens ermöglicht nun auch großen Passagier- und Kreuzfahrtschiffen das Anlegen. Damit geht viel vom Charme des ehemaligen Vorzeigeviertels verloren, von intaktem Dorfleben ist schon lange keine Rede mehr. Der markanten Veränderung zum Trotz leuchten nach wie vor die vielen bunten Fischerboote und Segelyachten am Fuß der 500 m aufragenden Steilwand in der Sonne, auch die Fischlokale und Nachtcafés erfreuen sich noch regen Zulaufs. Und während viele Ausflügler an der Hafenpromenade flanieren, warten die Inhaber bunter Einkaufsläden in der Calle Abisiana auf Kundschaft.

ESSEN & TRINKEN

EL BAIFO

Nachdem die Lokale an der Strandpromenade von Playa eher mäßiges Essen bieten, ist das strategisch ungünstig gelegene El Baifo dank frischer, gut gewürzter Speisen ein kulinarischer Gewinn. Der malayische Küchenchef Andy hat inzwischen eine ordentliche Fangemeinde, Reservierung ist von Vorteil. *Playa | Edificio Normara, s/n | Tel. 922 80 57 75 | mittags und Fr geschl. | €€€*

EL PUERTO

Insider Tipp

In diesem lebendigen Hafenlokal herrscht typisch spanische Atmosphäre. Der fangfrische Fisch wird vor dem Verzehr an der Glastheke in Augenschein genommen und später mit viel Appetit verzehrt. Hervorragende, noch dazu preiswerte Küche (beachten Sie das Menüangebot!). *Vueltas, s/n | Tel. 922 80 52 24 | kein Ruhetag* | €

PAN DE VUELTAS

Die von einer Deutschen betriebene Bäckerei/Konditorei ist ein beliebter Frühstückstreff. Zur Wahl stehen frisches Brot und köstliche Süßteile. Den Kaffee sollte man jedoch besser in einer benachbarten Bar zu sich nehmen. Neuerdings mit Brötchenlieferservice. *Playa de Vueltas | Tel. 922 80 63 16 | tgl. außer Di 8–17 Uhr*

HABIBI

Gemütliches arabisch-orientalisches Restaurant. Der Wirt und Pächter bereitet das obligate Couscous, Falafel sowie die Gemüse- und Fleischgerichte stets frisch und geschmackvoll zu. Eine gute Alternative für kühlere Tage, da man auf der Terrasse nicht besonders schön sitzt. Insider Tipp *Vueltas | Tel. 922 80 69 50 | www.gomera.de/habibi.com | mittags und Di geschl.* | €€

LAS JORNADAS, CASA MARÍA

Der Familienbetrieb ist der berühmteste Szenetreff im Tal. Im Ambiente der 1970er-Jahre werden typische kanarische Speisen serviert. Beliebter Treffpunkt zum Sonnenuntergang mit Tischen vor der Tür. *Playa | am Ende der Talstraße | Tel. 922 80 50 47 | Di geschl.* | €€

ORQUÍDEA

Von der großen Terrasse herrlicher Blick auf das ganze Delta. Bei

Buntes Treiben: Im Hafen von Vueltas ist immer etwas los

Kerzenlicht und stimmungsvoller Musik genießen Sie kanarische Küche unterm Sternenhimmel. *Calera | am Taxistand die Treppe hinauf, geradeaus bis Apartementos Concha und dort rechts die Steintreppe hoch | Tel. 922 80 54 93 | So geschl. | €€*

LA SALSA

Das rein vegetarische Restaurant besticht durch phantasievolle Einrichtung und exzellenten Service. Die exotischen Köstlichkeiten aus Thailand, Indien, Nordafrika und Mexiko überzeugen auch Fleischliebhaber. Ein Renner sind die Austernpilze. *Vueltas | im gelben Haus hinterm Hafen | Tel. 922 80 55 18 | Mai–Okt., mittags und Mo geschl. | €€*

Insider Tipp

TAMBARA CAFÉ

Schöner sitzen ist kaum möglich: Von der engen Terrasse herrlicher Blick Richtung Meer, die rauschende Brandung stets im Ohr. Hier mittags ein Tapas zu sich zu nehmen oder später einen *café con leche* zu trinken ist Hochgenuss pur. *Vueltas, s/n | kein Ruhetag*

ZUMERÍA CARLOS

Insider Tipp

Zentral gelegene Saftbar beim Taxistand, mit Terrasse und einer großen Auswahl an frischen Fruchtsäften, Milchshakes, herrlichen Früchtebechern und dem legendären *Sandwich Americano. Calera | kein Ruhetag*

EINKAUFEN

CALLE ABISINIA

In der Straße im alten Ortskern reiht sich ein Laden an den anderen. Hier gibt es vor allem alternative, teils esoterische Ware, darunter Mode und Kunsthandwerk, aber auch Kulinarisches und CDs mit traditioneller kanarischer Musik.

GALERIE IN DER OASIS

Wechselnde Ausstellung nationaler und internationaler Künstler in der Galerie von Elfriede Pieper mit Verkauf von Bildern und Skulpturen. *Am nordwestlichen Rand von Playa (Wegweiser hinter der Promenade)*

KODAK/EL FOTÓGRAFO

Allein wegen der hochwertigen Fotografien mit Gomeramotiven (15 000

> BLOGS & PODCASTS

Gute Tagebücher und Files im Internet

- *www.gomeralive.de/community/la-gomera-blog* – Noch relativ junge Seite mit Tipps überwiegend zur Gastronomie der Insel
- *www.sonneninsel-la-gomera.de/blog* – Vielfältige Tipps für Urlauber und aktuelle Nachrichten zum Inselgeschehen
- *www.sonneninsel-el-hierro.de/blog* – Die gleiche Seite mit entsprechenden Inhalten für El Hierro
- *www.radioclm.com* – Einer der wenigen Podcasts aus La Gomera; Beiträge auch zu anderen Kanarischen Inseln. Aktuelle und archivierte Infos auf Spanisch und Deutsch

Für den Inhalt der Blogs & Podcasts übernimmt die MARCO POLO Redaktion keine Verantwortung.

verschiedene Postkarten) ist der geschmackvoll eingerichtete Buch- und Fotoladen einen Besuch wert. Außerdem Fotozubehör, Wanderführer, Musik-CDs und vieles mehr. *Playa | an der Promenade*

Insider Tipp

TALLER DE ARTESANÍA LA ZAPATERÍA

In dem urigen Häuschen in der Bananenplantage werden preiswert mokassinartige Lederschuhe und Sandalen nach Maß gefertigt. Farbe und Leder suchen Sie selbst aus. Wer nicht fünf bis sechs Tage warten möchte, findet eine reiche Auswahl an vorgefertigten Modellen, außerdem werden geschmackvolle handgefertigte Taschen und Ledergürtel angeboten. *Avenida La Calera, 8*

ÜBERNACHTEN

CASA PABLO PESCADOR

Zwei Apartmenthäuser mitten in Vueltas; komfortable, große Zimmer mit Balkon und einem sagenhaftem Rundblick von der Dachterrasse. *9 Apartments | Vueltas | obere Hauptstraße | Tel. 922 80 51 79 | Fax 922 80 53 33* | €€

JARDÍN CONCHA

Liebevoll gestaltetes Hotel in bester Hanglage in Calera, inmitten von Gärten gelegen und mit wunderbarem Blick. Freundliche Zimmer mit Terrasse. *9 Zi. | am Westhang, oberhalb des Taxistands | Tel. 922 80 50 07 | Fax 922 80 60 64 | buchbar über www.insel-gomera.de* | €€

Insider Tipp

PARAÍSO DEL CONDE

Schöne, helle Apartmentanlage mit zwölf großen Wohnräumen direkt am Meer, Erdgeschosswohnungen mit direktem Zugang zum Swimmingpool. Großes Freizeitangebot, deutschsprachige Leitung. *La Puntilla | Tel./Fax 922 80 59 21 | www.paraiso-del-conde.com* | €€€

Hier bekommen Sie Schuhe nach Maß

PUNTA MARINAQ

Architektonisch gelungene, wenn auch etwas dunkle Anlage mit 19 sehr sauberen, modernen Apartments. Zwar kein direkter Meerzugang, dafür von Palmen umsäumter Pool mit Ruhezonen. *La Puntilla | Avendia Marítima, s/n | Tel. 922 80 60 03 | Fax 922 80 55 03* | €€

…LY

…Apartmentanlage befinde… oberen Tal, sie ist unterhalb de… Straße direkt in den Barranco gebaut und wirkt sehr einladend mit einer Wiese, einem Swimmingpool und großen, hellen Zimmern. *8 Apartments und Studios | Cañada de la Rosa | gegenüber Tienda Nestor | Tel. 922 80 50 84 | Fax 922 80 56 00* | €€

Insider Tipp **OASIS**

Die individuell gestalteten Bungalows sind von üppigen Obstplantagen und prächtigen Blumengärten umgeben. Besonders feudal lebt man in der dreistöckigen Villa mit herrlichem Blick auf das Meer und die Berge; die Ruhe wird allenfalls von kreischenden Seevögeln unterbrochen. *8 Bungalows | Playa, hinter der Promenade | Tel. 922 80 50 17 | Fax 922 80 50 15 | www.oasis-galeria.com* | €€ | *Villa* €€€

Delphinen und Walen kommen Sie bei Schiffstouren näher

FREIZEIT & SPORT

BADEN

Am kleinen Sandstrand in der Hafenbucht können Sie das ganze Jahr über gefahrlos schwimmen. Die kleine, fast kreisrunde Bucht *Charco del Conde* mit Sandstrand und Palmen an der Puntilla wird von einer Felsbarriere umschlossen, die sie gegen die Brandung schützt.

Sehr beliebt ist der Strand an der Playa, der sich entlang einer weiten Bucht bis La Puntilla erstreckt. Das ganze Jahr über herrscht reges Strandleben. Im Winter wird durch

Unterströmungen der Sand abgezogen, und nur vor der Promenade bleibt ein kleiner Streifen. Die berühmte ★ *Playa del Inglés* liegt am nördlichen Ende des Taldeltas, zu Füßen mächtiger Steilwände und riesiger Geröllhalden. Im Sommer begeistert ein herrlicher Sandstrand, im Winter jedoch machen Steine und Felsen das Baden fast unmöglich. Die Brandung ist das ganze Jahr über heftig, und die Unterströmungen sind oft sehr gefährlich. FKK hat sich hier längst etabliert. Vorsicht: Es gibt keine Rettungsschwimmer oder Strandwachen.

BOOTSFAHRTEN

Im Hafen von Vueltas startet das Ausflugsboot „Tina" täglich außer Samstags um 10.45 Uhr zu dreistündigen Entdeckungstouren rund um die Insel. Beliebteste Anlaufstelle ist – allerdings nur bei ruhiger See – die berühmte Felsformation *Los Órganos* an der Steilküste im Norden. Bei gutem Wetter kann in abgelegenen Buchten gebadet und geschnorchelt werden. Auch Wal- und Delphinbeobachtungstouren werden angeboten. An Bord ist das Mittagessen inklusive Sangría im Preis inbegriffen *(Tel. 922 80 58 85 | www.excursiones-tina.com | Kosten etwa 33 Euro).* Von Valle Gran Rey steuert die Schnellfähre *Garajonay Exprés* täglich entlang der Küste in nur 20 Minuten Playa de Santiago und nach weiteren 15 Minuten die Hauptstadt San Sebastián an. Die ideale Abfahrtszeit ist vormittags gegen 11 Uhr, damit man bis zur Rückfahrt am Nachmittag den Kurztrip in die Nachbarsbucht auch genießen kann *(Tel. 902 34 34 50 | www.garajonayexpres.com).*

SPRACHSCHULE I.D.E.A.

Die Sprachschule liegt versteckt in den verwinkelten Altstadtgassen von La Calera und bietet das ganze Jahr über Spanischkurse für Anfänger und Fortgeschrittene in kleinen Gruppen an. Bei Bedarf stellt die Schule auch Kontakt zu Einheimischen her, um im Konversationsaustausch die je-

> BÜCHER & FILME

Die Kanarischen Inseln in Wort und Bild

- > **Kanarische Inseln – Auf den Spuren atlantischer Völker** – Das Buch von Harald und Marianne Bream vermittelt Wissenswertes zu Kultur und Lebensweise der Ureinwohner der Kanarischen Insel.
- > **Kosmos Kanarenflora** – Ingrid und Peter Schönfelder stellen über 500 teils endemische Pflanzenarten und tropische Ziergehölze der Kanaren vor.
- > **Unter dem Drachenbaum** – Abenteuer, Liebesgeschichten und mehr – Sagen und Legenden der Kanaren, gesammelt in den 1930er-Jahren von Horst Uden, kürzlich neu erschienen.
- > **Guarapo** – Der Spielfilm wurde 1988 von den Brüdern Teodoro und Santigo Rios auf La Gomera gedreht. Er erzählt die Geschichte eines landlosen Bauern, der 1947 nach Amerika auswandern möchte.

weils andere Sprache zu lernen bzw. die erworbenen Kenntnisse zu vertiefen. *La Calera | La Cuestita, s/n | am Taxistand in die Altstadtgasse, dann die erste Treppe rechts steil nach oben | Tel./Fax 922 80 57 03 | www.spanish-course.com | 1 Woche Intensivkurs 170 Euro, 1 Std. 20 Euro*

RADVERLEIH

Von Valle Gran Rey per Rad zu einer Rundtour in die Berge zu starten ist wegen der vielen Höhenmeter eine sportliche Herausforderung. Die *Bike Station Gomera* (siehe Sport & Aktivitäten) organisiert Biketouren im Gelände und fährt die Teilnehmer ggf. in den Nationalpark Garajonay.

TAUCHEN

2005 haben Schweizer die Tauchbasis in Playa übernommen und sich in ihrem neuen Umfeld rasch eingelebt. Mit einem speziell für Tauchausflüge konzipierten Boot geht es zu den schönsten Tauchrevieren entlang der Küste. Bevor es mit Papageienfischen, Schildkröten oder Haien auf Tuchfühlung geht, empfielt sich für Anfänger Schnuppertauchen (48 Euro) oder Einsteigerkurse. Bootstauchgang mit Flasche und Blei für 31 Euro, mit kompletter Ausrüstung für 43 Euro. *Tauchbasis | Playa | gegenüber der Touristeninfo | Kontakt am besten Sa–Do zwischen 17 und 19 Uhr | Tel. 922 80 56 88 | www.fischer.com*

WANDERN

Im Tal finden Sie einige schöne Wege, die leicht zu erreichen sind und ohne Führung begangen werden können.

Von der kleinen Kirche *Los Reyes* im unteren Tal wandern Sie bequem über den herrlichen „Kirchenpfad“ entlang der Talflanke bis zum Weiler *El Hornillo.* Auf der anderen Talseite führt bei *El Guro* und *Casa de la Seda* ein schmaler Pfad durch ein Flussbett in die tiefe Schlucht des „Wasserfallbarranco“ bis zu einem großen Wasserfall.

Von *La Vizcaina* windet sich ein steiler Weg mit wunderbarem Blick auf das Tal durch die Steilwand hoch zum Bergdorf *El Cercado.* Auf dem gegenüberliegenden Bergrücken *La Mérica* können Sie auf einem schönen Panoramaweg von *Arure* bis nach *La Calera* wandern. Eine Herausforderung für geübte Wanderer ist die alpine Route durch die grandiose Schlucht von *Argaga* hinauf zur Hochebene von *Gerián.* Insider Tipp

Geführte Wandertouren mit Bustransfer (etwa 30 Euro) werden von qualifizierten, ortskundigen Wanderführern geleitet, die viel Wissenswertes über die Insel erzählen können und sich auch in Fragen der Botanik bestens auskennen. Zu gegebener Zeit wird in Bars mit traditioneller Küche eingekehrt. *Timah Shop | Puntilla ,7 | Filmvorführung Fr im Hotel Gran Rey | La Puntilla | Tel./Fax 922 80 62 41 | Mobiltel. 616 47 22 50 | www.timah.net*

AM ABEND

BAR CACATUA

Der angesagte Treffpunkt für Nachtschwärmer im Herzen von Vueltas. Bis 23 Uhr werden im sehr schönen unteren Garten Snacks und Drinks serviert, dann geht es nach oben in die legendäre Nachtbar mit dem Charme der 1970er-Jahre, die immer brechend voll ist. *Vueltas | zwischen den Fußgängerzonen | So geschl.*

Insider Tipp

CLUB DEL MAR

Wenn die Restaurants an der Playa langsam die Stühle hochklappen, rüsten sich die Diskofreunde zum Tanz. Mittwochs gibt es Hits der 1990er-Jahre, donnerstags die heiße Rocknacht, und freitags heizt der DJ mit Mixes ein. *Mi–Sa 22–5 Uhr | Playa | an der Promenade, Untergeschoss*

COCKTAILBAR LA TASCA

Für jeden Cocktailliebhaber ist diese Bar ein absolutes Muss: Bei Salsa und einer gehaltvollen Piña colada oder einem spritzigen Daiquiri wird hier bis in die Nacht hinein gefeiert. *Vueltas | Calle Abisinia, 5 | Di–So 20–2 Uhr*

Ein schöner Wanderweg führt an der Kirche Los Reyes vorbei

VALLE GRAN REY

AUSKUNFT

OFICINA MUNICIPAL DE TURISMO

Playa: Calle Lepanto, s/n | hinter der Promenade | Tel./Fax 922 80 54 58; La Calera: Calle El Caidero | Tel. 922 80 54 17 | omt@vallegranrey.es

Nach dem steilen Aufstieg wohlverdient: Pause in El Cercado

ZIELE IN DER UMGEBUNG

Oberhalb des Valle Gran Rey liegen auf etwa 1000 m Höhe die ★ Bergdörfer *Arure, Las Hayas, El Cercado* und *Chipude*. Verbunden sind sie durch eine kurvenreiche und landschaftlich sehr reizvolle Panoramastraße.

ARURE [114 A3]

Die erste Ortschaft (270 Ew.) oberhalb des Valle Gran Rey liegt am Rand eines wunderbaren Tals, 10 km nördlich von La Calera. Im Talgrund werden noch viele Äcker bewirtschaftet. Dazwischen stehen die Steinhäuser der alten Siedlung. Den oberen Teil des Tals begrenzt ein großer Stausee. Am unteren Ortsausgang haben Sie vom Aussichtspunkt ★ *Ermita de Santo* einen atemberaubenden Blick ins Tal von Taguluche. Im *Bar-Restaurante El Tape (Tel. 922 80 42 28 | kein Ruhetag | €)* können Sie sich mit einheimischer Kost stärken.

EL CERCADO [114 B3]

Die Bewohner des kleinen Orts (450 Ew.) 17 km nordöstlich von La Calera inmitten terrassierter Felder leben vorwiegend von einer bescheidenen Selbstversorgerwirtschaft. In den einzigen traditionellen Töpfereien der Insel kann man den Frauen bei der Fertigung von einfachen Schalen und Krügen zusehen. Speisen können Sie in der gemütlichen *Bar Victoria (Tel. 922 80 41 46 | Mi geschl. | €€).*

CHIPUDE [114 B4]

Noch vor 200 Jahren war Chipude (250 Ew.), etwa 20 km nordöstlich von La Calera, unter dem Namen Temocodá der am dichtesten besiedelte Ort der ganzen Insel. Davon zeugt heute nur noch die große, dreischiffige Pfarrkirche *Nuestra Señora de Candelaria* aus dem 17. Jh. Den Schlüssel zur Kirche erhalten Sie in der gegenüberliegenden Bar *Candelaria (Tel. 922 80 41 13 | kein Ruhetag | €).* Die acht *Apartments* des nahen Bar-Restaurants *Sonja (Tel. 922 80 41 58 | Fax 922 80 43 10 | kein Ruhetag | €)* bieten akzeptable Unterkünfte.

FORTALEZA [114 B4]

Der über 1200 m hohe Tafelberg *Fortaleza* (Festung) war früher spiritueller Versammlungsplatz der Ureinwohner und Rückzugsort bei Angriffen oder Überfällen von Piraten. Vom kleinen Weiler *Pavón* am Fuß des Bergs gelangen Schwindelfreie über Natursteintreppen durch eine Felsrinne auf den Gipfel. Von dort haben Sie einen wunderbaren Rundblick.

LAS HAYAS [114 B3]

In einer wunderbaren Naturlandschaft am Rand des Lorbeerwalds und des „Tals der 1000 Palmen", 14 km nordöstlich von La Calera, liegt die weit gestreute Ortschaft Las Hayas (300 Ew.). An einem Platz, der überschattet wird von großen, duftenden Eukalyptusbäumen, finden Sie die *Bar Montaña* der Wirtin Efigenia *(Tel. 922 80 40 77 | kein Ruhetag | €€).* Die Zutaten für das berühmteste Traditionsmenü der Insel stammen fast ausschließlich aus dem eigenen Garten. Nach einem Teller Ziegenkäse gibt es Salat, warmen, würzigen Gofiobrei, Gemüseeintopf und als Nachtisch Käsekrapfen mit Palmenhonig. Die umtriebige Efigenia, fast schon eine Institution auf La Gomera, bietet auch Unterkünfte im Landhausstil an. Zur Wahl stehen fünf altgomerische Häuser für zwei bis acht Personen. *Tel. 922 80 40 77 | Fax 922 25 11 97 | www.gomeranatural.com | €€*

MIRADOR DE PALMAREJO [114 A3]

In den Steilwänden oberhalb des Valle Gran Rey klebt in einer Höhe von ungefähr 600 m wie ein Adlerhorst dieses von dem berühmten Künstler César Manrique gestaltete Aussichtsrestaurant *(Tel. 922 80 58 58 | So abends geschl. | €€).* Von der Dachterrasse aus oder durch die riesige Glasfront des Restaurants haben Sie einen traumhaften Blick auf das Tal. In der sehr gepflegten Gartenanlage wachsen überwiegend endemische Pflanzen. Das Restaurant bietet traditionelle kanarische Küche. Außerdem werden hier zweierlei *mojos* und *miel de palma* verkauft, selbst hergestellte Produkte von gehobener Qualität. Insider Tipp *Zwischen den Tunneln an der oberen Talstraße*

> HERRLICHE WEGE DURCH VERWUNSCHENE WÄLDER

Fruchtbare Täler, raue Gebirgslandschaften, ein Nationalpark und viel Kultur

> Gut befeuchtet von den hereinziehenden Wolken des Nordostpassats, präsentiert sich der Norden der Insel in einem satten Grün.

Die höher gelegenen Flanken der steilen Gebirgszüge bedecken die Nebelwälder des Nationalparks, und in den fruchtbaren und wasserreichen Tälern von Hermigua und Vallehermoso wachsen auf weitläufigen Terrassenfeldern Bananen und Wein. Das feuchte Klima schafft auch optimale Bedingungen für herrliche Obst- und Blumengärten und eine bunt gemischte subtropische Flora. Von jeher war der Norden das Zentrum der Landwirtschaft. Noch heute zeugen viele Herrenhäuser und stattliche Fincas vom ehemaligen Reichtum der Großgrundbesitzer. Uralte, malerische Orte und traditionelles Kunsthandwerk sind sehenswerte Zeugnisse einer langsam aussterbenden Kultur.

Bild: Blick über Agulo auf den Teide (Teneriffa)

DER NORDEN

Die wilde Steilküste und der oft wolkenverhangene Himmel sind nicht geeignet für sonnenhungrige Badegäste. Doch kulturinteressierte und naturbegeisterte Individualtouristen, die die Abgeschiedenheit eines ländlichen Urlaubs bevorzugen, finden hier ideale Bedingungen. Hilfreich bei Ausflügen ist dabei die auf der Insel einmalige Straße in Küstennähe, die Ortschaften und Taldeltas direkt miteinander verbindet.

ALOJERA

[114 A2] **Von der Talstraße nach Vallehermoso zweigt hinter dem Restaurant Chorros de Epina eine kleine Straße nach links ab.** Sie bietet einen herrlichen Blick auf die mächtigen Gebirgszüge und Täler um den Ort Alojera (400 Ew.). Wie die Kulisse für einen Phantasiefilm wirken das wild zerklüftete Galión-Gebirge und die in ein Meer von Palmen eingebettete Ortschaft Tazo.

ALOJERA

Einmalig sind die wüstenähnliche *Cumbre de Chiguere* und der wunderbare Blick vom Aussichtspunkt *Buenavista.*

ESSEN & TRINKEN

PRISMA

Das Restaurant bietet zwar nur bedingten Meerblick, dafür aber köstliche Fischgerichte. Im Freien ist es oft sehr zugig. *Tel. 922 80 07 03 | Mi geschl.* | €€

ÜBERNACHTEN

APARTAMENTOS OSSORIO

Einfache Apartments mit Terrasse in der Nähe des Kirchplatzes; außerdem idyllisch gelegene *casas rurales. 4 Apartments, 2 Häuser | Tel./Fax 922 80 11 66 oder 922 80 03 34* | €

APARTAMENTOS PLAYA

Zehn geschmackvoll eingerichtete, große Apartments mit Sonnenterrasse direkt am Meer. *Playa de Alojera, s/n | Tel. 922 80 02 17* | €€

Verlassene Häuser im ehemaligen Fischerort Arguamul

FREIZEIT & SPORT

BADEN

Insider Tipp

Über eine kleine Stichstraße erreichen Sie die schöne Badebucht in der Steilküste unterhalb von Alojera, die durch Wellenbrecher vor der Brandung geschützt ist. Sie bietet die einzige Badegelegenheit an der Küste des Nordwestens.

ZIELE IN DER UMGEBUNG

ARGUAMUL **[114 B1]**

Insider Tipp

Der ehemalige Fischerort 15 km nördlich von Alojera liegt mit seinen alten Häusern malerisch an einem steilen Hang über einer wilden Küstenlandschaft. Ein steiler Pfad führt zum Meer hinunter, wo sich die riesigen Wellen des Atlantischen Ozeans an den vorgelagerten, markanten Felsformationen brechen. Von Tazo führt eine Staubpiste zum unteren Ortsteil.

CHORROS DE EPINA [114 B2]

Wenn Sie endlich im Lotto gewinnen wollen oder Wert legen auf Gesundheit und Liebesglück, dann müssen Sie unbedingt das Wasser aus den magischen Quellen von Epina 14 km östlich von Alojera trinken. Kurz vor dem gleichnamigen Restaurant an der Straße nach Vallehermoso gehts links auf einem Steinplattenweg zu einer kleinen Kapelle und von dort über eine Treppe zu einem lauschigen Waldplatz mit den Quellen und einem schönen Picknickgelände mit Grillmöglichkeit.

Insider Tipp

CUMBRE DE CHIGUERE ★ [114 B2]

Von der Ermita Santa Clara oberhalb von Arguamul erstrecken sich Richtung Norden die kargen Bergrücken der Cumbre de Chiguere (14 km nordöstlich von Alojera).

Bei Entstehung der Insel wurde hier eine Platte vom Meeresgrund nach oben gedrückt, die mit vielfarbigen Sandwüsten, Hügeln aus hellem Muschelsand und vulkanischen Gesteinsformationen noch heute an eine Unterwasserlandschaft erinnert. Sie endet am nördlichsten Punkt der Insel, beim Aussichtspunkt *Buenavista.* Umwerfend ist von hier der Blick auf den Teide, auf die Täler und Stauseen um Vallehermoso und die kühn geschwungene Steilküste des Nordens. Zum Aussichtspunkt führt eine gut ausgebaute Piste, die oberhalb des Orts Tazo abzweigt, nach Regenfällen mit normalen Autos aber nicht passierbar ist.

PARQUE NACIONAL DE GARAJONAY ★ [114–115 B–D3–4]

Das Herz der Insel La Gomera schlägt in den Bergen, wo auf Naturfreunde und Wanderer ein herrlicher, immergrüner Nebelwald wartet. Wie eine Oase liegt dieser Mischwald aus Lorbeerbäumen und Baumheide in der wilden, zerrissenen Gebirgslandschaft, 900 bis 1400 m über dem Meeresspiegel. Einem grünen Kragen gleich schlingt er sich um den höchsten Gipfel, den *Garajonay*

MARCO POLO HIGHLIGHTS

★ Bodegón Roque Blanco
Inseltypische Küche, eindrucksvoller Blick
(Seite 65)

★ Juego de Bolas
Großzügig eingerichtetes Besucherzentrum bei Las Rosas
(Seite 63)

★ Cumbre de Chiguere
„Unterwasserlandschaft" in der Sandwüste
(Seite 57)

★ Parque Nacional de Garajonay
Lorbeerwald mit moosbewachsenen Baumriesen
(Seite 57)

(1487 m), bedeckt den Grat der Insel und fließt gen Norden die steilen Hänge hinunter, wo er sich in unzugängliche Schluchten schmiegt.

Ursprünglich war fast ganz La Gomera von diesen Wäldern bedeckt. Aber durch Kahlschlag und Rodungen wurden große Bestände vernichtet. Noch in den 1960er-Jahren gab es Bestrebungen, den gesamten Wald abzuholzen. Doch auf Betreiben von Naturschützern wurden die restlichen knapp 40 km² Wald 1981 unter Naturschutz gestellt und als *Parque Nacional de Garajonay* zum Nationalpark erklärt. Vier Jahre später nahm die Unesco den in seiner Ausformung und Größe einmaligen Lorbeerwald in die Liste schützenswerter Naturgüter auf.

> LOW BUDGET

- Das Völkerkundemuseum in Hermigua kostet keinen Eintritt. Es vermittelt Hintergrundinformationen zur Insel und seinen Bewohnern mit Einblicken in die Forst- und Landwirtschaft, Fischerei, Architektur, Textilwirtschaft und Trachtenmode. Infos auch zum Thema Weinanbau mit Einkaufsmöglichkeit im Souvenirshop. *Museo Etnográfico | Carretera General de Las Hoyetas, 99 | Di-Fr 10–18, Sa/So 10–14 Uhr*
- Im Restaurant *Agana* in Vallehermoso können Sie mit dem günstigen Abendmenü (drei Gänge und ein Getränk) für nur 10 Euro Ihren Hunger stillen. Die Speisen werden frisch nach kanarischer Art zubereitet. *Avenida Guillermo Ascanio, 5 | Tel. 922 80 08 43 | Mi geschl. | €€*

Mittelpunkt des Nationalparks ist das *Cedro-Tal,* das sich vom Fuß des Garajonay Richtung Norden erstreckt. Ganzjährig fließt hier ein sprudelnder Bach, den besonders beeindruckende Lorbeerbäume säumen, umrankt von Efeu und behangen mit einem Gewirr aus Lianengewächsen. Der schmale Pfad entlang des steinigen Flussbetts führt immer wieder über kleine Holzbrücken, vorbei an Wasserfällen und einer verwunschenen Kapelle, die malerisch an einer Lichtung liegt.

Am Ende des Tals drängen sich die kleinen Häuser und Fincas des Weilers *El Cedro* an die grünen Hänge. In El Cedro empfehlenswert ist eine Einkehr in dem rustikal eingerichteten Terrassenlokal *Bar La Vista* *(Tel. 922 88 09 49 | kein Ruhetag | €).* Hier können Sie sich nach dem Aufstieg bei herrlichem Ausblick von der einheimischen Wirtin Juana mit inseltypischer Küche verwöhnen lassen. La Vista bietet auch Zimmer, Campingmöglichkeit und Ausritte an.

Insider Tipp

Insider Tipp

Ein beliebter Ausgangspunkt für Wanderungen ist die *Laguna Grande,* ein ehemaliger Kratersee im Zentrum des Nationalparks. Die riesige Lichtung in der Nähe der Höhenstraße liegt mitten im schönsten Wald, mit Kinderspielplatz, einigen Grillstellen und einem guten Restaurant mit traditioneller Küche. Neben einem sehenswerten Lehrpfad sind die umliegenden Wanderwege anschaulich auf einer Holztafel eingezeichnet. Nachts wird der Platz von vielen älteren Einheimischen gemieden, denn er gilt bei ihnen als Versammlungsplatz der Hexen.

Umfassende Informationen über den Nationalpark erhalten Sie im Museum und Besucherzentrum *Juego de Bolas*.

TAZO [114 B2]

Der kleine Ort (80 Ew.) liegt mit seinen alten Häusern 13 km nördlich von Alojera mitten in einem Meer

Eine Wanderung durch den Nebelwald sollten Sie nicht versäumen

aus Palmen und ist berühmt für seinen *miel de palma*.

HERMIGUA

[115 D2] **Mit knapp 1800 Einwohnern ist die aus etwa 900 m Höhe sich über 6 km bis zum Meer ziehende Streusiedlung Hermigua die zweitgrößte Ortschaft auf La Gomera.** Westlich vom zerklüfteten Gebirgskamm des *Enchereda* (1065 m) eröffnet sich den Besuchern die größte und wasserreichste Schlucht der Insel: ein lang gezogenes, weites Tal, das durchgehend vom oberen Ortsteil *(Valle alto)* bis zum Meer im unteren Ortsteil *(Valle bajo)* mit Bananenplantagen durchzogen ist. Für die Fruchtbarkeit des Tals sorgen der das ganze Jahr über Wasser führende Cedro-Bach, die drei Stauseen und besonders der ganzjährige Nordostpassatwind mit Wolken und Nebelschwaden. Den oberen Ortsteil überragen die Zwillingsfelsen *Roques de San Pedro* (430 m). Der untere Ortsteil mit dem Kirchplatz und dem gegenüberliegenden Rathaus *(Ayuntamiento)* bildet das kommerzielle Zentrum von Hermigua.

HERMIGUA

SEHENSWERTES

NUESTRA SEÑORA DE LA ENCARNACIÓN

Die im 17. Jh. erbaute Kirche wurde 1711 zerstört und 1927 wieder aufgebaut. Besonders sehenswert sind der hölzerne Hochaltar und die Madonnenfigur. *Plaza de la Encarnación, im unteren Ortsteil*

MOLINO DE GOFIO

Wenige Hundert Meter unterhalb des alteingesessenen Museums *Museo Los Telares* ist die Molino de Gofio Anziehungspunkt zahlreicher Busgesellschaften. Nach dem kostenlosen Rundgang durch die kleine Gartenanlage drängen sich die Besucher im angrenzenden Laden um die zahlreichen Souvenirs. *Mo–Sa 10–17, So 10–14 Uhr*

MUSEO LOS TELARES

Alte Webstuhlanlage, wo sich früher die Frauen des Orts trafen, um gemeinsam Weberei- und Stickereiarbeiten (vor allem die als Fenstervorhänge gegen die Kälte benutzten Flickenteppiche sowie Tischdecken mit Lochstickerei) anzufertigen. Zeugnisse dieses alten Handwerks sind hier zu betrachten. Haushaltsgeräte wie die alten Holzmörser und Suppenschüsseln runden den Einblick in das Leben früherer Zeiten ab. *Carretera General del Norte, 29 | Mo–Sa 10–17.30, So 10–13 Uhr | Eintritt frei*

SAN PEDRO

Insider Tipp

Die sehr alte, 1515 erbaute Klosterkirche der Dominikaner wurde 1999 renoviert. Im Innern der kleinen Kirche sind kunsthistorisch interessante Holzreliefs, holzgetäfelte Kassettendecken im Mudéjarstil und Gemälde und Bilder der Escuela Popular zu sehen. *Am Dorfplatz El Convento im oberen Stadtteil, nur sporadisch geöffnet*

Casa Creativa: Die Tische sind gedeckt, die Gäste können kommen

ESSEN & TRINKEN

CASA CREATIVA

Insider Tipp

Das Café mit Terrasse und Bar *(kein Ruhetag | €€)* ist Treffpunkt für Einheimische und Touristen. Am besten zum Frühstück: Selbst gebackene Kuchen mit Früchten aus dem eigenen Garten, sehr lecker schmecken Banane und Mohn. Etwas später Tapas, genial der Tintenfisch oder knackige Salat mit frischem Ziegenkäse. Unterhalb des Cafés befindet sich der Eingang zum gediegen eingerichteten Restaurant im Wohnzimmerstil mit Sitzecke und Klavier. Fisch, Fleisch und vegetarische Gerichte. *Carretera General del Norte, 56 | Tel. 922 88 10 23 | geöffnet auf Vorbestellung | €€€*

EL FARO

Kleines, gemütliches Lokal am Ende der Hauptstraße Richtung Playa Santa Catalina, inseltypische Tapas und Hausgerichte (Fisch, Fleisch, Kressesuppe). *Playa Santa Catalina | Tel. 922 88 08 10 | Mi geschl. | €*

EL SILBO

Überdachtes Terrassenlokal mit herrlichem Blick auf Teneriffa, gemütliche Einrichtung, Karte mit kanarischer Küche, insbesondere Fleischgerichte, separate Bar. *Carretera General del Norte, 102 | Tel. 922 88 03 04 | kein Ruhetag | €*

EINKAUFEN

LOS TELARES

Laden der Besitzerin Doña Maruca mit einem Angebot an gewebten Flickenteppichen, Decken mit raffinierter Lochstickerei und Korbwaren. *Carretera General del Norte, 29*

ÜBERNACHTEN

CASA CREATIVA

Ein geschmackvoll restauriertes Landhaus in kanarischem Stil mit Garten, Pool und Sonnenterrasse. *8 Apartments | Carretera General del Norte, 56 | Tel. 922 88 10 23 | Fax 922 14 40 57 | www.la-casa-creativa.com | €€*

APARTAMENTOS LA PLAYA

Die sechs komfortablen Apartments befinden sich in Strandnähe und sind modern ausgestattet und zweckmäßig. *Playa Santa Catalina, 21 | Tel. 922 14 40 64 | Fax 922 88 02 76 | €*

IBO ALFARO

Insider Tipp

Exquisites Hotel im Landhausstil in Hanglage, aufwendig restauriert. Stilvolle Zimmer für gehobene Ansprüche, Sonnen- und Frühstücksterrasse, kompetente deutsche Hotelführung (Rezeption bis 18 Uhr). *16 Zi., 1 Suite | Barrio de Ibo Alfaro, s/n | Tel. 922 88 01 68 | Fax 922 88 10 19 | www.ecoturismocanarias.com/iboalfaro | €€€*

APARTAMENTOS LOS TELARES

Großes ehemaliges Herrenhaus im kanarischen Stil, umgebaut zur Apartmentanlage, großer Aufenthaltsraum mit Kamin. *22 Zi. | Carretera General del Norte (Kilometer 19,2) | Tel. 922 88 07 81 | Fax 922 14 41 07 | www.ecoturismorural.com | €€*

VILLA DE HERMIGUA

Renoviertes, 120 Jahre altes Landhaus mit angenehmer Atmosphäre zum Wohlfühlen. Neun Zimmer mit gemeinsamer Dachterrasse und antikem Holzbackofen. *Carretera General del Norte, 117 | Tel. 922 88 07 77 | Fax 922 88 02 46 | www.gomeraturismo.com | €€*

FREIZEIT & SPORT

BADEN

Insider Tipp Das Meeresschwimmbecken *(Piscina Natural El Pescante)* von Hermigua finden Sie am Ende der Küstenstraße der Playa de Hermigua, am ehemaligen Hafen. Das steinige Schwimmbecken mit Wellenbrecher liegt zwischen schützenden Felsen und bietet Ihnen einen herrlichen Blick auf Teneriffa und La Palma. Angegliedert ist die kleine Bar *Peõn (Ende Juni–Sept. tgl. 12–23 Uhr | €)* mit Terrasse. Zum *Badestrand La Caleta* gelangen Sie entweder zu Fuß oder mit dem Auto. An der Abzweigung zum Meeresschwimmbecken befindet sich an einem grünen Treppengeländer der beschilderte Einstieg in die etwa einstündige Wanderung (nur mit Wanderschuhen!) zur *Playa de la Caleta.* Der Kiesstrand liegt geschützt in einer Bucht und ist meist dennoch einer wilden Brandung ausgesetzt. Die schöne Landschaft entschädigt für etwa entgangene Badefreuden. Zudem sitzt man Insider Tipp außergewöhnlich schön an der *Bar Macondo,* die aus Natursteinen errichtet wurde. Hier serviert der Italiener Roberto täglich eine Auswahl an frisch zubereiteten Speisen, darunter Teigwaren und Fisch. Außerdem stehen Biosäfte, Biotomaten und Biokaffee auf der Speisekarte. Mit dem Auto erreichen Sie die Bucht vom selben Abzweig aus über eine ausgeschilderte, kurvenreiche, meist geteerte Piste (6 km).

AUSKUNFT

ECOTURAL

Callejón de Ordaiz, 161 | Tel. 922 14 41 01 | Fax 922 88 10 38 | www.ecoturismocanarias.com: Infos über den Norden und Fotos von schön und ruhig gelegenen *casas rurales* in der Umgebung.

ZIELE IN DER UMGEBUNG

AGULO **[115 D2]**

Agulo ist die Hauptstadt der gleichnamigen und mit 1500 Einwohnern kleinsten Gemeinde von La Gomera. Umgeben von schroffen Steilwänden und exakt angelegten Bananenterrassen präsentiert sich das schönste Dorf der Insel malerisch auf einer 200 m über dem Meer gelegenen Felskuppel 4 km nordwestlich von Hermigua und bietet Besuchern einen überwältigenden Panoramablick auf die Nachbarinsel Teneriffa. Das Ortszentrum bildet die *Plaza Leonico Bento* mit der neugotischen Kirche *San Marcos,* die wegen ihrer weißen Dachkuppeln von den Einheimischen auch *mezquita* (Moschee) genannt wird.

Zur Einkehr empfehlenswert sind das *Café Lila (Calle General | kein Ruhetag | €),* ein charmantes, kleines, ockerfarbiges Café in einem renovierten alten Steinhaus mit Holzbalken und *Bar-Restaurante El Club/Centro de Amistad,* ein Lokal im Dorfinnern mit Lokalkolorit und guten Tapas (*Calle de Pintor Aguiar | Tel. 922 14 62 06 | So geschl. | €).* Für einen längeren Aufenthalt bietet sich die *Finca Mercedes* an, ein sehr ruhiges, renoviertes Bauernhaus mit schöner Terrasse im oberen Ortsteil von *Las Rosas (2 Schlafzimmer mit Wohn- und Esszimmer, Küche | Buchung über Ecotural | Tel. 922 14 41 01 | €€).* Außerdem zu empfehlen: die *Casa de los Helechos,* ein 150 Jahre altes Haus im Zentrum der verkehrsberuhigten Altstadt, mit vier rund um einen kleinen Innenhof liegenden Apartments mit Küche und Bad. Am schönsten ist das obere Apartment mit einer Dachterrasse und großartigem Insider Tipp Blick aufs Meer und den Teide auf der Nachbarinsel Teneriffa. *Calle La Seda, 2 | Tel. 922 14 69 68 | Fax 922 14 69 02 | €€*

JUEGO DE BOLAS ★ **[115 D2]**

Das von der nationalen Naturschutzbehörde Icona stilvoll und luxuriös ausgestattete *Centro de Visitantes (tgl. 9.30–14.30)* 14 km von Hermigua entfernt ist ein Muss: Es erwarten Sie ein großer, klar gegliederter botanischer Garten, Informationskarten und farbige Schautafeln zu Geologie, Klima, Flora und Fauna der Kanarischen Inseln, ein täglich um 10.30 Uhr gezeigter, kostenloser Dokumentarfilm über die Entstehung und Vegetation der Insel, ein separater, museal eingerichteter Raum über das Leben und die Kultur der Guanchen sowie drei Geschäfte mit kanarischem Kunsthandwerk. Für die ausschließlich spanische Beschriftung gibt es am Infotresen ein Übersetzungsheft. Dem Besucherzentrum angegliedert ist das rustikale Lokal mit Sonnenterrasse *El Tambor (Tel. 922 80 07 09 | Mo geschl. | €€).*

Die kleine Straße zwischen den Gebäuden führt Sie zu einem sagenhaften Aussichtspunkt oberhalb von Agulo.

Geschützt vor Wellen und Strömung: das Meeresschwimmbecken

VALLE-HERMOSO

[114 B–C2] Vallehermoso heißt „Schönes Tal" – zu Recht. Am Fuß des gewaltigen Felsens Roque Cano (650 m) erstreckt es sich vom Meer bis zum oberen Ortsteil Macayo als eine bilderbuchmäßige Terrassenlandschaft. Hier werden vorwiegend Bananen, Kartoffeln, Mais und Wein angebaut. Die Hauptstadt (800 Ew.) der mit knapp 120 km^2 größten Gemeinde La Gomeras ist bekannt als Zentrum des Handwerks der traditionellen Korbflechterei. Mittelpunkt des Dorfgeschehens ist die *Plaza de la Constitución,* die als Verkehrsknotenpunkt von Banken, Bars und Geschäften gesäumt ist. Alte Herrenhäuser stehen an der *Plaza de la Inmaculada.*

Tienda Rafael Cordero: In dem winzigen Laden bekommen Sie fast alles

SEHENSWERTES

FINCA LOS ROQUILLOS

Die Finca im *Barranco del Macayo* keltert einen eigenen Landwein, den *Roque Cano,* und destilliert einen eigenen Schnaps, den *Aguardiente de Parra. Anmeldung für einen Besuch unter Tel. 922 80 00 95*

WEINBAUGENOSSENSCHAFT „CABILDO INSULAR DE LA GOMERA"

Die einzige Weinbaugenossenschaft auf der Insel produziert Weine von gehobener Qualität. Gekeltert und abgefüllt werden hier der Weißwein *Garajonay* und der Rotwein *Tagara. Carretera General, 7*

ESSEN & TRINKEN

AMAYA

Zentraler Treffpunkt für Einheimische und Touristen. Die offene Bar ist zum Platz hin gelegen, das Restaurant befindet sich im hinteren Bereich. Landestypische Gerichte. *Plaza de la Constitución, 2 | Tel. 922 80 00 73 | mittags geschl.* | €

BODEGÓN ROQUE BLANCO ★

Abseits im Grünen liegt dieses Terrassenlokal mit dem schönsten Blick auf das weite Tal von Vallehermoso. Landestypische Küche, spezialisiert auf Fleischgerichte. Von Vallehermoso Richtung Agulo, dann vor Las Rosas der beschilderten Asphaltstraße folgen. Achtung: Am Stausee nicht geradeaus, sondern rechts über den Damm (6 km). *Cruz de Tierno | Tel. 922 80 04 83 | Mo geschl.* | €€

CASTILLO DEL MAR

Café mit Kuchen, Tapas, Fisch- und Fleischspezialitäten unmittelbar an der ehemaligen Verladestation an der Playa – ein Traumplatz mit königlichem Blick auf den Teide. *Tel. 922 80 04 97 | kein Ruhetag* | €€€

EINKAUFEN

Insider Tipp TIENDA RAFAEL CORDERO

Winziger, uriger Laden, voll gestellt mit überfüllten Holzregalen und seit 65 Jahren in Familienbesitz. Hier können Sie selbst gemachten Käse, Palmenhonig, selbst gemachten Wein *(gomerón),* hausgemachten Orangenlikör *(mistela),* Maulbeerwein, *mojo, almogrote,* Feigen, Mandeln, Datteln sowie *chácaras* (sehr große Kastagnetten) und *tambores* (mit Ziegenhaut bespannte Trommeln) kaufen. *Chácaras* und *tambores* sind wichtige Instrumente bei Prozessionen. *Plaza de la Constitución, 8*

ÜBERNACHTEN

PENSIÓN AMAYA

Die Pension in zentraler Lage bietet sowohl Zimmer mit komfortabler als auch einfacher Einrichtung an, teils nach vorn zum Platz, teils zum Garten hinaus. *8 Zi. | Plaza de la Constitución, 2 | Tel. 922 80 00 73 | Fax 922 80 11 38* | €–€€

CASA BERNARDO

Gemütliche, ruhig gelegene Unterkunft zu den rückwärtigen Terrassenfeldern. Zwei Wohnetagen mit zwei Doppelzimmern, Bad, Küche und sonnigem Innenhof. Familienfreundlich. *5 Zi. | Calle Triana | Tel. 922 80 08 49* | €€

ZIELE IN DER UMGEBUNG

LOS ÓRGANOS [114 B1]

Faszinierende, über 80 m hohe Felsformation aus Hunderten von freigewitterten Basaltsäulen, die wie die Pfeifen einer riesigen Orgel wirken. Das in der Steilküste des Nordwestens gelegene Naturwunder kann nur mit Ausflugsschiffen über den Seeweg erreicht werden *(siehe* Bootsfahrten *Seite 49).*

TAMARGADA [114 C2]

Malerisches Örtchen knapp 3 km östlich von Vallehermoso mit ziegelgedeckten Langhäusern inmitten großer Palmenhaine, gilt als das besterhaltene Dorf im altkanarischen Stil. Die ausgedehnten Weinterrassen liefern die besten Trauben zur Herstellung des gomerianischen Landweins.

> ABGRÜNDE UND HOCHEBENEN

Die kleinste Kanareninsel vereint eine wunderbare Vielfalt landschaftlicher und klimatischer Gegensätze

> Wo sich auf den Nachbarinseln wilde Gebirgslandschaften in den Himmel türmen, bietet El Hierro herrliche Hochebenen, die einmalig sind auf den Kanaren. Vom Hauptort Valverde erstrecken sie sich in südwestlicher Richtung und bedecken einen großen Teil der nur 270 km^2 kleinen Insel.

Auf den von Natursteinmauern durchzogenen, sattgrünen Weiden der Ebenen, die sich im Frühling in einen wahren Blütenteppich verwandeln, grasen Kühe, und durch die Einsamkeit der weitläufigen und wildromantischen Landschaft ziehen Schäfer mit ihren Herden. An den vulkanischen Ursprung der Insel erinnern zahlreiche rotbraune Vulkankegel und Krater, die in die weite Ebene eingestreut liegen. In den kleinen, ruhigen Dörfern mit den weißen, kubischen Häusern und den bunten Gärten wird der Alltag der freundlichen Einwohner von einer

Bild: Meseta de Nisdafe

EL HIERRO

spürbar gelassenen Lebensart bestimmt, die sich an traditionellen Werten orientiert. Auf den Äckern wird manchmal noch mit Eselsgespannen gepflügt, und in einigen kleinen Heimwerkstätten gehen Weberinnen und Holzschnitzer ihrer Arbeit nach. Die meisten landwirtschaftlichen Produkte werden für den Eigenbedarf angebaut, aber es gibt auch Exportartikel wie hervorragenden Wein und herzhaft schmeckende Käse. Die 10 000 Bewohner der Insel, die Herreños, verstehen sich als eine große und auch wehrhafte Familie. Ob Bauer, Viehzüchter oder Taxifahrer, fast alle sind hier in Kooperativen organisiert.

Um die landschaftliche Schönheit und die Ursprünglichkeit der Insel zu erhalten, setzt die Inselregierung von El Hierro auf einen sanften Tourismus und fördert nachhaltig den Umweltschutz. Ziel ist auch, die Identität

Nuestra Señora de la Candelaria

der Herreños zu wahren und Tourismuskonzepte auf die tradierten Lebensformen abzustimmen. Mittlerweile wurde El Hierro von der Unesco zum „Welt-Biosphären-Reservat“ erklärt.

FRONTERA/ TIGADAY

[117 D3] **Das Valle del Golfo im Nordwesten entwickelt sich immer mehr zum beliebtesten Urlaubsziel der Insel.** Beeindruckend sind die landschaftlichen Gegensätze, die hier aufeinander prallen. Die mächtigen, über 1200 m steil aufragenden Felswände geben einen guten Eindruck von der Größe des Vulkanbergs, der zur Hälfte ins Wasser absackte und ein riesiges Stück der Insel mit sich nahm. Das so entstandene Tal ist weitläufig und fruchtbar. An den Hängen wächst einer der besten Weine der Kanaren. In der Ebene verstreut liegen die weißen Häuser kleiner Ansiedlungen. Eine gute touristische Infrastruktur finden Urlauber in den dicht beieinander liegenden Ortsteilen *Frontera* und *Tigaday* (2000 Ew.) am Eingang des Tals. Die kleinen Restaurants, Hotels und Geschäfte haben sich gut auf den langsam wachsenden Tourismus eingestellt, und die Menschen bieten durchweg freundlichen Service. Sandstrände sucht man auch hier vergeblich, aber dafür lockt ein vielseitiges und teilweise spektakuläres Wandergebiet.

SEHENSWERTES

CAMPO DE LUCHA

Der kreisrunde Kampfplatz der kanarischen Ringer liegt gleich hinter der Kirche und erinnert ein wenig an eine kleine Stierkampfarena. Doch hier geht es weitaus fairer zu. Der streng reglementierte Ringkampf geht in einer langen Tradition bis auf die Ureinwohner der Insel zurück. Er erfordert von den meist schwergewichtigen Kämpfern Kraft und Geschicklichkeit gleichermaßen. Meistens stellt El Hierro den Meister in dieser beliebtesten traditionellen Sportart der Kanarischen Inseln.

NUESTRA SEÑORA DE LA CANDELARIA

Die alte, schöne Kirche steht an der Plaza von Frontera. Wer auf der serpentinenreichen Straße ins Tal fährt, der sieht schon von weitem den vom

Kirchengebäude abgetrennten Glockenturm. Er steht exponiert auf einem Lavahügel und bildet vor einer schroffen, über 1000 m hoch aufragenden Steilwand eines der beliebtesten Fotomotive der Insel. Die Insider Tipp beste Zeit zum Ablichten ist in den frühen Nachmittagsstunden, wenn die Kirche von der Sonne beschienen wird.

ESSEN & TRINKEN

Insider Tipp ARTERO

Fast nur Einheimische verkehren in diesem Restaurant. An der Bar geht es meist hoch her, und im separaten, landestypisch gestalteten Speiseraum wird gehobene kanarische Küche geboten. Spezialität sind *salsichos* (Blutwürste) vom Grill. *Calle Artero, 20 | Straße zwischen Tigaday und Los Llanillos | Tel. 922 55 50 37 | So/Mo geschl.* | €€

EL CONUCO

Auf dem gusseisernen Tischgrill bereitet sich jeder nach eigenem Geschmack verschiedene Fleisch- und Fischsorten sowie Meeresfrüchte zu, dazu gibt es leckere Saucen und Beilagen. *Calle Merese, 45 | an der Straße von Tigaday nach Los Llanillos | Tel. 922 55 94 29 | Mi geschl.* | €€€

EL GUANCHE (CASA BILDO)

Beliebt bei Einheimischen und Touristen gleichermaßen ist dieses kleine Restaurant mit viel Atmosphäre. Das durchweg gute Essen wird von einem aufmerksamen und freundlichen Personal serviert. *Calle Cruz Alta, s/n | Tigaday | Tel. 922 55 90 65 | kein Ruhetag* | €

Auch Mohn blüht auf El Hierro

MARCO POLO HIGHLIGHTS

★ **Museumsdorf Guinea**
Blick in die Vergangenheit
(Seite 71)

★ **La Restinga**
Uriges Fischerdorf an der Südküste
(Seite 74)

★ **El Sabinar**
Ein geheimnisvoller Wacholderwald
(Seite 72)

★ **Iglesia Santa Maria de la Concepción**
Einst Bastion gegen Piratenüberfälle
(Seite 80)

★ **Mirador de la Peña**
Nobelrestaurant mit bester Aussicht
(Seite 84)

★ **Faro de Orchilla**
Westlichster Punkt der Alten Welt
(Seite 77)

JOAPIRA

Von der ✲ Terrasse der kleinen Bar am Kirchplatz in Frontera genießen Sie eine wunderbare Aussicht auf den von einer gewaltigen Felswand begrenzten nördlichen Teil des Tals und auf das Meer. *Plaza Candelaria, 8 | Frontera | Tel. 922 55 98 03 | kein Ruhetag* | €

EINKAUFEN

BAZAR EL TUCÁN

Neben Büchern gibt es hier Postkarten, sehr schöne Fotobände der Insel, Kunsthandwerk und Souvenirs. Wer eine Auskunft benötigt, kann sich getrost an die hilfsbereite Besitzerin wenden. *Calle Cruz Alta, 12 | an der Straße Richtung Los Lanillos | www.bazareltucan.com*

Insider Tipp **CASA ARTENSANIA MADERA**

In der Casa Artensania Madera, zentral an der Hauptstraße in La Frontera gelegen, kann man im gut sortierten Kunsthandwerksladen unter anderem schöne Holzschnitzware kaufen, darunter traditionelle Instrumente. Auch die Preise sind moderat.

ÜBERNACHTEN

LA BRUJITA ✲

In den steilen Hang gebaute, sehr ansprechende Anlage mit tollem Blick, Swimmingpool und hübsch eingerichteten Zimmern für bis zu sechs Personen. Zur Anlage gehört auch der einzige Tennisplatz im Tal. *12 Zi. | Las Toscas, s/n | Tel. 922 55 60 00 | www.elhierrocanarias.com* | €€

PENSION CASA SALMOR

An der Straße zwischen Tigaday und Las Puntas liegen die drei ebenerdigen Häuschen inmitten eines schönen Gartens. *6 Zi. und 5 Apartments | einfache Ausstattung | Tel./Fax 922 55 93 29* | €

APARTAMENTOS FRONTERA

Die geräumigen und sauberen Apartments sind um einen blumengeschmückten Innenhof herum gruppiert. Von den neuen, nach hinten gehenden Studios haben Sie einen sehr schönen Blick. *12 Apartments, 6 Studios | Calle General, s/n | Tigaday | Tel. 922 55 92 46 | www.apartamentosfrontera.com* | €€

HOTELITO IDA INÉS

Sehr einladend gestaltetes, kleines Hotel mit familiärer Atmosphäre und komfortabel eingerichteten Zimmern. Swimmingpool und bequeme Sonnenliegen auf der Dachterrasse. Der Service ist freundlich und professionell. *12 Zi. | Camino del Hoyo, s/n | Frontera, (von der Straße Frontera–Tigaday geht es rechts ab) | Tel. 922 55 94 45 | Fax 922 55 60 88 | www.hotelidaines.com* | €€€

APARTAMENTOS EL SITIO ✲

Sehr schöne und liebevoll gestaltete Anlage mit kleinen Häusern in altkanarischer Bauweise, die sich auf pflanzen- und blumengeschmückten Terrassen den Hang hochzieht. Jedes Haus ist individuell und sehr geschmackvoll eingerichtet und verfügt über Bad und Küche. Herrlich ist der Blick auf das Tal und die Küste.

Für Gruppen steht ein großer Veranstaltungsraum zur Verfügung. Die deutsche Leiterin der Anlage vermittelt auch Yogakurse. *Rezeption Mo–Sa 11–12 und 18–19 Uhr | El Lun-*

chón | Carrera, 26 | nahe dem Kirchplatz von Frontera | Tel./Fax 922 55 50 60 | €€

AM ABEND

Insider Tipp

KIOSCO LAS PUNTAS

Hier versammelt sich freitags und samstags ab 22 Uhr fast das ganze Dorf, einige Gäste machen spontan traditionelle kanarische Musik, dazu gibt es einfache Tapas und Wein. *An der Straße nach Las Puntas, am Ortseingang*

ZIELE IN DER UMGEBUNG

MUSEUMSDORF GUINEA ★ [117 D2]

Das Museumsdorf zeigt die gelungene Rekonstruktion eines altkanarischen Weilers. Die strohgedeckten Häuser aus Naturstein wurden originalgetreu eingerichtet und vermitteln ein lebendiges Bild vom Alltag der Herreños in der Vergangenheit. Schließen Sie sich einer Führung an, denn nur dann werden die Häuser für Besucher geöffnet. An der Straße von Tigaday nach Las Puntas liegt es rechter Hand vor einer steil aufragenden Felswand und wird leicht übersehen, so bruchlos fügen sich die Natursteinhäuser in die Umgebung ein. *Di–Sa 10.30–14 und 17–19, So 11–14 Uhr*

POZO DE LA SALUD [116 B3]

Bereits seit 1830 wird dem salzigen Wasser aus dem Gesundheitsbrunnen nahe am Meer, 8 km westlich von Tigaday, heilende Wirkung nachgesagt. Zahlreiche angebliche Wunderheilungen an Einheimischen festigten den Ruf des Heilwassers. Erfolgreich betrieb hier jahrzehntelang die Heilerin Doña Rosa einen sehr einfachen

Blick in die Vergangenheit: Natursteinhäuser im Museumsdorf Guinea

und etwas skurrilen Badebetrieb, der besonders auf die verdauungsfördernde Wirkung des schwefelhaltigen Wassers setzte. Der alten Dame wurde ein klotziges Kurhotel vor die Nase gebaut und der Badebetrieb komplett aus den Händen genommen, sodass sie aufgehört hat. Das 26 Grad warme Wasser ist das gleiche geblieben. Wer sich von seiner Wirksamkeit überzeugen möchte, der kann es aus dem 12 m tiefen Brunnen schöpfen und mit Plastikbechern aus einem bereitgestellten Spender probieren.

Die Ausstattung des neuen Badehotels, *Balneario Pozo de la Salud (18 Zi. | Tel. 922 55 95 61 | Fax 922 55 98 01 | www.el-meridiano.com/balneario | €€€)* ist komfortabel, zweckmäßig und nüchtern und ganz auf die Bedürfnisse des Badebetriebs abgestellt. Hier wird nur absteigen, wer auch die vielfältigen Anwendungen in Anspruch nehmen möchte.

LAS PUNTAS [117 D2–3]

Die Region am nördlichen Ende des Golfo, 5 km nördlich von Frontera, entwickelt sich immer mehr zu einem attraktiven Ferienort. Beeindruckend ist vor allem die Szenerie dieses Orts. Steil ragen die Felswände des *Risco de Tibataje* in den Himmel, und auf dem Meer brechen sich die Wellen an den markanten Felsformationen der *Roques de Salmor.* Das Wetter ist das beste im Golfo, und mit der *Playa del Cantadal* und dem *Charco La Maceta* bieten sich hier gute Bademöglichkeiten. Mittelpunkt dieses Küstenstreifens und ein Schmuckstück ist das bis vor einigen Jahren kleinste Hotel der Welt, das *Punta Grande (Tel. 922 55 90 81 | €€).* Mit seinen nur vier Zimmern liegt es exponiert auf einer von der Brandung umspülten Landzunge. Die sehr geschmackvolle Einrichtung steht ganz unter dem Motto Schifffahrt. Wer in den Liegestühlen auf der Dachterrasse Platz nimmt, hat leicht das Gefühl, an Bord eines Kreuzfahrtschiffs zu sein. Unbedingt empfehlenswert ist auch das hoteleigene, gemütliche *Restaurant (mittags und So geschl. | €€€).* Den frischen Fisch suchen Sie sich am Tisch aus, bevor ihn die Chefin des Hauses persönlich zubereitet. Das Personal ist freundlich und aufmerksam um das Wohl der Gäste bemüht. Eine familiäre Atmosphäre herrscht auch an der Bar des Punta Grande, wo Kontakte geknüpft und Inselneuigkeiten ausgetauscht werden. Von hier können Sie die schönsten Sonnenuntergänge der Insel beobachten. Insider Tipp

EL SABINAR ★ [116 A3–4]

Unweit der *Ermita de los Reyes* befindet sich der berühmte Wacholderwald El Sabinar. Hier oben pfeift ständig ein starker Wind über die karge Landschaft. Er hat die knorrigen Bäume in einen extremen Drehwuchs gezwungen und tief bis auf die Erde gebeugt. Die großen, mehrere Hundert Jahre alten Wacholderbäume sind einmalig auf der Welt und ein Wahrzeichen der Insel. Malerisch stehen sie zwischen uralten Lesesteinmauern und grünen Wolfsmilchgewächsen an einem sanft zum Meer hin abfallenden Hang. Besonders beeindruckend wirken sie, wenn ihre bizarren Formen in die vom Wind gepeitschten Passatnebel getaucht werden. *20 km westlich von Frontera*

SABINOSA [116 B3–4]
Der am Steilhang des Golfo gelegene Ort 6 km westlich von Tigaday gilt als der schönste der kleinen Insel und ist berühmt für sein gesundes Klima. Malerisch thront er mit seinen weiß gekalkten Häusern inmitten von terrassierten Feldern, auf denen Wein, Obst und Gemüse angebaut werden. Das Leben in den beiden Ortsteilen ist noch sehr ursprünglich, und die ausgesprochen freundlichen Menschen lassen sich auch durch das meist neblige Wetter nicht die Laune verderben. Ein historischer Verbindungsweg führt von Sabinosa steil in die etwa 400 m höher gelegene und zum Ort gehörende *Dehesa,* ein wunderbares Wandergebiet. Seit Jahrhunderten sind diese Hochweiden kommunales Weideland. Ein Glas vom hervorragenden Wein der Region probieren Sie am besten in dem einfachen *Restaurante Sabinosa (Carretera General, 21 | Tel. 922 55 93 86 | kein Ruhetag | €).*

Vom beständigen Passatwind niedergerungener Wacholderbaum

In Sabinosa steht das einzige noch existierende Gasthaus der Insel. Es stammt noch aus vortouristischer Zeit, als es auf El Hierro nur eine Hand voll Übernachtungsmöglichkeiten gab. Riesige Farne schmücken den Innenhof dieser sehr einfachen Herberge mit wunderbarem Blick ins Tal. Die sauberen und preiswerten Zimmer haben ein Gemeinschaftsbad auf dem Flur. Einmalig ist das kleine

Insider Tipp Zimmer auf dem Dach, wo man vom Bett aus den Sternenhimmel sehen kann. *Pensión Hotel Sabinosa | Valentin Hernandez, 7 | mit Hinweisschild | Tel. 922 55 93 55 | €*

LA RESTINGA

[117 D6] ★ Schwarze Lavawüsten prägen das Bild der südlichen Küstenregion von El Hierro. Eingebettet in die strenge Schönheit der Stricklavafelder und der Vulkanberge liegt hier der kleine Fischerort La Restinga (350 Ew.). Das ganze Leben des Orts ist auf den Hafen konzentriert. Fast täglich läuft von hier eine ansehnliche Flotte von kleinen Kuttern aus und versorgt die ganze Insel und vornehmlich die gemütlichen Restaurants im Ort mit frischem Fisch.

Viele Urlauber lockt das schöne Wetter nach La Restinga, wo an über 300 Tagen im Jahr die Sonne scheint. Wer direkt aus den oft nebelverhangenen und kühlen Hochebenen an die Küste kommt, der genießt es besonders, an der Hafenpromenade vor einer Bar zu sitzen und sich mit Sonne vollzutanken. Taucher finden hier eines der aufregendsten Unterwasserreviere Europas vor und Badeurlauber in der nahen Bucht von Tacorón einen der schönsten Badeplätze der Insel.

ESSEN & TRINKEN

CASA JUAN

In zwei gemütlichen und relativ ruhigen Räumen werden überwiegend Meeresfrüchte serviert. Leider erreicht die Fischsuppe nicht mehr die Qualität wie beim alten Juan. *Gutiérrez Monteverde, 23 | Tel. 922 55 71 02 | Mi geschl. | €*

PANGORGA DE VEGA

Pächter und Name des früheren Restaurants *El Ancla* haben gewechselt, Küche und Ambiente hingegen bleiben dem kanarischen Stil treu. Fischgerichte und Paella stehen hier ebenso auf der Speisekarte wie typische regionale Gerichte. *El Rancho, s/n | Tel. 922 55 70 63 | Di geschl. | €€*

Fischerboote an ihren Bojen im Hafen von La Restinga

EL REFUGIO
Stimmungsvoll eingerichtetes Fischlokal, in dem man sich auf Anhieb wohl fühlt. Von der Decke baumeln die gewaltigen Köpfe von zwei Schwertfischen, und ein paar vergilbte Fotografien zeigen, wie beschaulich es früher in La Restinga zuging. *La Lapa, 1 | Tel. 922 55 70 29 | Mo geschl. | €€*

TASCA AVENIDA
Das frühere *El Bar* ist Treffpunkt für Segler und Weltenbummler an der Promenade. Neben Seemannsgarn und Insiderwissen gibts hier die einzige Möglichkeit, draußen direkt am Hafenbecken zu sitzen. *Avenida Marítima, 14 | Tel. 669 52 44 20 | kein Ruhetag | €*

TASCA LA LAJA
Urig eingerichtete Fischerkneipe an der Hafenpromenade, mit Blick auf die bunten Boote der Fischer im Hafen. *Gutiérrez Monteverde | Tel. 922 55 70 76 | kein Ruhetag | €*

ÜBERNACHTEN
Die ausgesuchten Apartmenthäuser liegen direkt an der Uferpromenade, mit Blick auf Hafen und Meer. Im Ort selbst werden zwar auch Zimmer angeboten, doch wohnt man hier meist zwischen unverputzten Häusern und Rohbauten und muss mit Baulärm rechnen.

KAI MARINO
Alteingesessene Pension unter deutscher Leitung mit familiärer Atmosphäre direkt an der Mole und dem kleinen Sandstrand. *7 Zi. | Punta La Restinga | Tel. 922 55 70 34 | Fax 922 55 70 34 | casakaimarino@hotmail.com | €*

APARTAMENTOS LA MARINA
Sehr geräumige und helle Apartments mit zwei Schlafzimmern, großer Wohnküche und TV. Sehr schön sind auch die zwei *atticos* mit Terrasse. *16 Zi. | Avenida Marítima, 10 | Tel. 922 55 90 16 | Fax 922 55 94 01 | €€*

APARTAMENTOS ROCAMAR
Modernes Haus mit geräumigen, hellen Wohnungen (jeweils zwei Schlafzimmer, Wohnküche, Balkon). Zu empfehlen sind die zwei *atticos* auf dem Dach, mit großer Terrasse und herrlichem Blick. *4 Apartments | Avenida Marítima, 19 | Tel. 922 55 70 83 | €€*

APARTAMENTOS LOS SALTOS
Vergleichbare Ausstattung wie im La Marina, mit Dachterrasse und sehr sauber. *7 Zi. | Avenida Marítima, 20 | Tel. 922 55 71 10 | Fax 922 55 00 71 | €€*

FREIZEIT & SPORT
BADEN
Die Bucht von *Tacorón* gehört zu den beliebtesten Badebuchten der Insel und ist bequem mit dem Auto zu erreichen. Vorgelagerte Felsen haben ein natürliches Becken geschaffen, in dem ohne Probleme gebadet und geschnorchelt werden kann. Sand gibt es hier nicht, daher ist es angeraten, eine Isomatte mitzunehmen. Unterstände aus Palmwedeln spenden Schatten, und wer ein Picknick machen möchte, findet Grillplätze und Trinkwasser. Insider Tipp

LA RESTINGA

Ein Badevergnügen der besonderen Art bietet die 20 Gehminuten entfernte *Cueva del Diablo,* die Teufelshöhle. Die Höhlenwände und der kleine, innen liegende Sandstrand sind von leuchtendem Rot, und das einfallende Sonnenlicht schimmert geheimnisvoll auf dem türkisfarbenen, klaren Wasser. Bei hohem Seegang ist Vorsicht geboten.

TAUCHEN

Das Tauchgebiet um La Restinga zählt zu den schönsten in ganz Europa und lockt immer mehr tauchbegeisterte Urlauber nach El Hierro. Unmittelbar vor der Küstenlinie fällt der Sockel der Insel steil in das sehr tiefe und kristallklare Meer ab. Die vielfältige Unterwasserlandschaft mit tiefen Schluchten, schroffen Felsformationen und fischreichen Höhlen und Grotten bildet einen Abenteuerspielplatz für erfahrene Taucher. Die Begegnung mit Hammerhaien, Barrakudas und riesigen Rochen verlangt gute Nerven und Erfahrung. Harmloser, aber nicht weniger beeindruckend ist das Zusammentreffen mit Meeresschildkröten, Thunfischen und Delphinen. In der *Reserva Marina,* einer auf den Kanaren einmaligen maritimen Schutzzone an der südwestlichen Küste, darf allerdings nur sehr eingeschränkt getaucht werden. Die drei Tauchschulen vor Ort bieten professionelle Standards und unterscheiden sich auch preislich nicht wesentlich voneinander. Komplette Ausrüstungen werden für 9 bis 12 Euro pro Tauchgang ausgeliehen. Der Tauch-

La Restinga ist ein bei Tauchern aus aller Welt beliebtes Revier

gang inklusive Boot, Führer, Flasche und Zubehör kostet etwa 25–30 Euro. Tauchen ist das ganze Jahr über möglich. *Centro de Buceo El Hierro* ist das mit über 20 Jahren älteste Tauchcenter auf El Hierro *(Avenida Marítima, 18 | Tel. 922 55 70 23 | www.centredebuceoelhierro.com); El Submarino – Base de Buceo (Avenida Marítima, 2 | Tel./Fax 922 55 70 23):* Nachttauchen, Anfängerkurse und Tauchgänge rund um die Insel. *Fan Diving El Hierro:* Mit den vorgenannten vergleichbar in Preis und Leistung, deutschsprachige Leitung *(El Varadero, 4, oberhalb der Casa Kai Marino | Tel./Fax 922 55 70 85 | www.el-hierro-tauchen.de).*

WANDERN

Lohnendes Wanderziel sind die nahen Lavafelder um *Arenas Blancas.* Die dicken Zöpfe der Stricklava, wild ineinander geschobenene Lavaplatten und rostbraune Vulkankrater vermitteln einen hautnahen Eindruck von den vulkanischen Ursprüngen der Insel. Für Farbtupfer sorgen die grünen Wuschelköpfe der Wolfsmilchgewächse. Unbedingt den Fotoapparat mitnehmen.

AUSKUNFT

Touristeninformation | Apartmentkomplex Arenas Blancas | Mo–Fr 9–14 Uhr

ZIELE IN DER UMGEBUNG

ERMITA DE LOS REYES [116 B4]

Die Ermita 31 km westlich bildet das religiöse Zentrum der Insel. Die Madonnenfigur der *Virgen de los Reyes,* die hier aufbewahrt wird, ist bereits seit 1546 die Schutzpatronin von El Hierro. Alle vier Jahre ist die kleine Kirche Ausgangspunkt für die große *Bajada de la Virgen,* in der die Statue auf einem 28 km langen Pilgerpfad in einer gewaltigen Prozession über die Hochebene nach Valverde getragen wird. Die kleine Kirche und einige Nebengebäude werden von einer weißen Mauer umschlossen und machen den Eindruck eines kleinen Klosters. Der Gebäudekomplex ist malerisch in die hügelige Weidelandschaft der Dehesa eingebettet.

Die Ermita de los Reyes, Heimstätte der Schutzpatronin der Insel

FARO DE ORCHILLA ★ [116 A4]

In der Zeit der Antike galt dieser Punkt als das Ende der Welt, und später verlief hier für mehr als 200 Jahre der Nullmeridian. Heute markiert ein Leuchtturm *(faro)* diesen südwestlichsten Punkt Europas. Eine große Faszination geht von der absoluten Stille der umgebenden Vulkanlandschaft aus, deren karge Lavafelder und Vulkankegel durch ihre Formstrenge bestechen. In Richtung Westen gibt es nur noch die schier unendlichen Weiten des Atlantischen Ozeans. Wer den Leuchtturm besucht hat, kann sich hinterher in der Touristeninformation in Valverde ein Insider Tipp Dokument ausstellen lassen, in dem der Besuch des Nullmeridians bestätigt wird.

Nur wenig bekannt, aber einzigartig ist die große Höhle beim Leuchtturm. Der Eingang, eine Treppe aus Naturstein, liegt etwa 50 m in Richtung auf das Holzkreuz zu. Man braucht etwa 15 Minuten, um die Lavaröhre komplett zu durchwandern, dabei ist eine gute Lampe notwendig. Etwa in der Mitte gibt es eine Einsturzstelle, durch die das Tageslicht von oben einfällt. Wenn Sie sich beim hinteren Ausgang rechts an der Treppe vorbei in den abwärts führenden Tunnel zwängen, erreichen Sie kurz darauf die Stelle, an der früher die Lava ins Meer floss und blicken wie durch ein Fenster hinaus aufs offene Meer. Vor dem Leuchtturm biegt links eine Piste ab, die nach 1,5 km bei einem Badeplatz mit Grillstelle endet. Von einem betonierten Plateau aus gelangen Sie über eine Treppe problemlos ins Wasser. Baden ist allerdings auch hier wegen der unberechenbaren Unterströmung nicht ganz ungefährlich. *37 km von La Restinga*

HOYA DEL MORCILLO [117 D4]

Der große Picknickplatz mit Kinderspielplatz im wunderschönen Kiefernwald nordöstlich von El Pinar ist ein beliebtes Ausflugsziel. In ausgelassener Stimmung wird am Wochenende gegrillt, gesungen, gelacht, und lautstark werden die neuesten Nachrichten verbreitet. Wer ein bisschen Spanisch spricht und gern feiert, der ist hier willkommen. *17 km von La Restinga*

LOS LETREROS [116 B–C5]

El Julán, das Gebiet der ausgedehnten Lavawüsten westlich von La Restinga, war einst das Hauptsiedlungs-

> VIVA LA PIÑA

Wie die Ananas nach Europa kam

Seit knapp 20 Jahren wird in El Golfo Ananas angebaut, es ist das einzige Anbaugebiet in Europa. Einer der Mitinitiatoren war damals der Münchner Walter Plößl. Der umtriebige frühere Boxer und Bergungstaucher, der in den 1970er-Jahren auf El Hierro gelandet war, beteiligte sich mit einigen Einheimischen am Kauf einer ganzen Schiffsladung von Setzlingen im afrikanischen Guinea. Das Risiko hat sich gelohnt, der Anbau der leckeren Tropenfrucht gelang, und seitdem sind die reif geernteten *piñas* in fast jedem Lebensmittelgeschäft auf El Hierro erhältlich.

El Pinar: Gasse im Ortsteil Taibique

gebiet der *Bimbaches,* der Ureinwohner von El Hierro. Einer ihrer Versammlungsplätze *(Tagoror),* den ein Kreis von Steinen begrenzte, kann hier in rekonstruierter Form besichtigt werden. Nicht weit davon entfernt befinden sich die geheimnisvollen und berühmten *Letreros.* Die in glatte Lavaplatten geritzten Schriftzeichen wurden 1873 von einem Pfarrer entdeckt und weisen Ähnlichkeiten mit dem Alphabet eines Berberstamms aus Libyen auf. Leider wurden die Schriftzeichen teilweise geraubt oder zerstört, aber immer noch wirken die verbliebenen Zeichen wie Botschaften aus einer anderen Welt.

Zum Tagoror und den Letreros führt von El Pinar aus eine gut zu befahrende Erdpiste Richtung Leuchtturm. Nach etwa 8 km parken Sie kurz nach einer Finca beim Hinweisschild „Los Letreros" und wandern ungefähr 4,5 km bergab, vorbei am Tagoror, bis zu den Letreros. Für den Rückweg bergauf empfiehlt sich Sonnenschutz und ausreichend Trinkwasser. Der Wächter am Tagoror fragt nach den Ausweispapieren. Zu dieser Wanderung sollten Sie sehr früh aufbrechen, dann sehen Sie die Schriftzeichen im besten Licht und schaffen noch vor der Mittagshitze den Aufstieg zurück. *25 km von La Restinga*

Insider Tipp

MIRADOR DE BASCOS [116 B3]

Dieser Aussichtspunkt der Superlative raubt selbst schwindelfreien Besuchern den Atem. 650 m hoch hängt er wie ein Adlerhorst direkt am Rand einer schroffen Steilwand. Zu Füßen liegt Ihnen *El Golfo,* vom Pozo de La Salud im Westen bis zum Felsabbruch der Cumbre und der vorgelagerten Felsgruppe *Roques de Salmor* am nördlichen Ende der Ebene. Ein sagenhafter Blick, aber leider oft verstellt durch die den Hang hinaufjagenden Passatwolken. Meist lohnt es sich, einen Moment Geduld zu haben; denn wenn die Nebel plötzlich aufreißen, ist die unvermutete Aussicht umso schöner. *Zum Mirador führt ein ausgeschilderter Abzweig zwischen der Ermita und El Sabinar. 34 km von La Restinga*

EL PINAR [117 D4–5]

Oberhalb der kargen Lavafelder von La Restinga liegt auf 800 m Höhe diese kleine Ortschaft inmitten von Mandel- und Obstbäumen, Wiesen, Feldern und Gärten. Besonders der Ortsteil *Las Casas,* eine der ältesten Ansiedlungen der Insel, ist mit seinen blumengeschmückten Natursteinhäusern einen Streifzug wert. Im

Ortsteil Taibique lohnt die schöne, kleine Kirche *San Antonio Abad* einen Besuch. Obst, frisches Gemüse und Fleisch, darunter auch Erzeugnisse aus der Region, werden an den bunten Ständen in der örtlichen Markthalle angeboten *(Mercado Municipal, Calle José Padrón Machín | Mo–Fr 9–13 Uhr)*. Eine Pension unter deutscher Leitung ist *El Casino Antiguo (4 Zi. | Calle La Dolores, 1 | Tel. 922 55 80 41 | andreapension @terra.es | €)*.

Unbedingt anschauen sollten Sie die *Keramikwerkstatt* der deutschen Töpferin Brigitte Hoyer, die ausgefallene und kunstvolle Keramik herstellt. Hier erfahren Sie auch Wissenswertes über die ortsansässigen Weberinnen – und wo Sie den alten Damen bei ihrer Arbeit zusehen können: *El Characol (Calle El Chamorro, 55 | den Schildern mit dem spiralförmigen Symbol folgen)*.

VALVERDE

[117 E–F2] **Die Inselhauptstadt (1800 Ew.) liegt nicht wie die Hauptstädte der anderen Inseln im milden Meeresklima der Küste, sondern auf luftigen 700 m Höhe am Rand der Hochebene.** Sie gleicht mehr einem Dorf als einem Verwaltungszentrum.

Das eher beschauliche Leben des Städtchens konzentriert sich auf die Hauptstraße, *La Calle*. Wenn die Sonne scheint, leuchten die weißen Häuser zwischen Gärten, Feldern und Wiesen. Die steilen Gassen der am Hang liegenden Ortschaft erwachen dann zum Leben. Oft hüllen dichte Passatwolken den Ort in ein undurchdringliches Grau. Zum Glück sind die Küste und die Sonne nicht weit.

Valverde verfügt über eine gewisse touristische Infrastruktur. Hier finden Sie das größte Touristenbüro auf der Insel, und an den Wochenenden geht in den Diskotheken die Post ab. Gut geeignet ist die Hauptstadt auch als Startpunkt für Wanderungen in die Hochebenen und Ausflüge an die Nordküste.

SEHENSWERTES

IGLESIA SANTA MARIA DE LA CONCEPCIÓN ★

Die schöne Festungskirche aus dem 18. Jh. war in früheren Zeiten die letzte Bastion gegen Piratenüberfälle. Sie bildet das Zentrum der Stadt. Die Frontseite des mächtigen, dreischiffigen Baus schmücken drei kunstvoll gestaltete Portale, die hölzernen Eingangstüren sind dekorativ mit Natursteinen gefasst. Über dem mittleren Portal erhebt sich ein kleiner Glockenturm, den ein Holzbalkon umschließt. Auf der Spitze des eckigen Turms thront in luftiger Höhe eine große Madonnenfigur.

Den gewaltigen Innenraum der Kirche überspannt eine holzvertäfelte, kunstvoll gearbeitete Decke im Mudéjarstil, getragen von toskanischen Säulen. Der barocke Altar mit der mehrfarbigen Statue der Madonna *Nuestra Señora de la Concepción* wirkt ein wenig verloren in der Weite des Raums. Der füllt sich erst, wenn die Kirche alle vier Jahre das Ziel der berühmten Prozession *Bajada de la Virgen* wird. Dann werden hier die Figuren aller Inselheiligen aufgestellt und verehrt. Der schöne Vorplatz der Kirche, die *Plaza*

Gepflegtes Hauptstädtchen mit schöner Kirche: Valverde

del Teatro, erstreckt sich über verschiedene Ebenen, die durch zahlreiche Treppen miteinander verbunden sind. Bei guter Sicht haben Sie von hier einen schönen Blick auf die Nachbarinseln La Gomera und Teneriffa.

MUSEO DE ARTESANÍA

In dem wunderbaren altkanarischen Haus im oberen Teil von Valverde werden Ausstellungen zur Kulturgeschichte und Handarbeiten wie Webereien und einheimische Keramik gezeigt. Ein angeschlossener Laden verkauft Tücher, Körbe und Keramik. *Calle Armas Martel, 1 | Mo–Sa 10.30–18 | im Winter bis 14 Uhr*

ESSEN & TRINKEN

BAR SAN LUIS

Hier bekommen Sie gute und preiswerte Tapas sowie Hauptspeisen (Paella); freundliche Bedienung. *Calle Constitución, 26 | gegenüber dem Centro de Salud | Tel. 922 55 15 60 | So geschl. | €*

LA TABERNA DE LA VILLA

Während man im Soutarrain zu Tapas ein Glas Wein oder Bier trinkt, wird in der ersten Etage feinere kanarische Küche mit italienischem Einschlag serviert – und das zu fairen Preisen. Einfache, aber authentische Einrichtung. *Plaza Principal | Tel. 922 55 19 07 | kein Ruhetag | €€€*

ZABAGU

Hier wird reichhaltige kanarische Küche geboten, aber auch Pizza. Gute Qualität zu vernünftigen Preisen. Spezialität sind frisch gepresste Fruchtsäfte. *Calle San Francisco, 9 | Tel. 922 55 00 16 | kein Ruhetag | €€*

ÜBERNACHTEN

BOOMERANG

Das einzige Hotel vor Ort verfügt über Zimmer mit Heizung. Die Lage in der Nähe des Kirchplatzes ist ruhig, und die Zimmer, alle mit Bad, sind sauber und freundlich eingerichtet. *17 Zi. | Calle Dr. Gost, 1 | Tel. 922 55 02 00 | Fax 922 55 02 53 | €€*

PENSIÓN CASAÑAS

Die Pension liegt an der Hauptdurchgangsstraße. Erste Wahl sind deshalb die Zimmer nach hinten raus. Sie sind ruhig und haben Blick aufs Meer. Zweckmäßig eingerichtet und sauber, teils mit Terrasse. Der Service ist gut. *17 Zi. | Calle San Francisco, 9 | Tel. 922 55 02 54 | €–€€*

EINKAUFEN

Insider Tipp

Eine herreñische Spezialität sind *quesadillas,* süßlich schmeckende, kleine Käsetörtchen. Sie sind am besten, wenn sie frisch aus dem Backofen kommen und noch leicht warm sind. Gebacken wird in einem kleinen Haus, etwa 250 m unterhalb des Hotels Boomerang, ein Stück kostet 1,50 Euro. *Fábrica de Quesadillas, Adrián Gutiérrez, Calle 22 de Febrero, 2*

BADEN

Geschützte Badeplätze bieten an der Nordküste der *Charco Manso,* der *Pozo de las Calcosas* und das *Hafenbecken von Tamaduste.*

Ein kleiner *Sandstrand* mit Volleyballfeld befindet sich bei dem Örtchen *Timijiraque* und ein ausgedehnter Kiesstrand nahe bei der *Punta de la Bonanza.*

AUSKUNFT

Im *Patronato Insular de Turismo* erhalten Sie alle notwendigen Auskünfte, Infobroschüren und Karten. Die Englisch sprechenden Mitarbeiter sind sehr hilfsbereit und geben Tipps für Wanderungen und Autotouren. *Calle Doctor Quintero Magdalena, 4 | Tel. 922 55 03 02 | Fax 922 55 10 52 | www.el-hierro.org*

AM ABEND

LA CASITA

Gemütliche Nachtbar, die am Wochenende ab 22.30 Uhr öffnet. *Calle San Francisco, 17*

DISKOTHEK LA LONJA

Geschmackvoll eingerichtete Barräume, laute Musik. *Calle San Francisco, 9 | rechts unten neben der Bar Zabagu | nur Fr/Sa bzw. zur einheimischen Fiesta*

TASCA EL CHAVELAZO

Eine gemütliche Atmosphäre, freundliches Personal und gute Musik sorgen in diesem zentral gelegenen und modern eingerichteten Nachtcafé bis spät in die Nacht für gute Stimmung. *Calle General Sánchez Espinosa, 8 | Fr/Sa 22.30–3.30 Uhr*

ZIELE IN DER UMGEBUNG

LA CALETA [117 F2]

Der malerisch auf einer Landzunge gelegene kleine Ort 9 km östlich bietet einen idealen Badeplatz mit Grillplatz, Dusche und Plantschbecken. In der Nähe der winzigen Kapelle sind in einen Basaltfelsen die alten Schriftzeichen der Ureinwohner eingeritzt.

CHARCO MANSO [117 E–F1] Insider Tipp

Gleich hinter dem Ortsausgang Valverde Richtung Hafen zweigt nach links eine kleine Straße zum Ort Echedo ab, die bei Las Salinas am Meer endet. Inmitten der wilden, zerklüfteten Küstenregion der Punta Norte liegt hier das Meeresschwimmbad Charco Manso, eingebettet in die grandiose Kulisse einer

Vulkanlandschaft aus Grotten, Höhlen und Felsentoren. Der attraktive Badeplatz mit Grillstelle bietet ausreichend Schatten. Die Hinweisschilder bzgl. der starken Brandung sind unbedingt zu beachten! *7 km von Valverde*

Jetzt ist es nicht mehr weit zum Meeresschwimmbecken Charco Manso

MESETA DE NISDAFE [117 D–E3]
Die fruchtbare Hochebene, die sich südwestlich von San Andrés auf etwa 1100 m Höhe erstreckt, ist einmalig auf den kanarischen Inseln und ein wunderbares Wandergebiet. Die in den Wintermonaten und im Frühling sattgrünen Wiesen und Weiden werden von Steinmauern durchzogen. Man könnte meinen, in Irland zu sein, wären da nicht die rotbraunen Vulkankegel, die wie dunkle Eisberge in einem Meer von Grün treiben. Gemächlich ziehen Schafs- und Ziegenherden mit ihrem Schäfer durch diese weite Landschaft. Schatten finden sie im Sommer unter mächtigen Zedern- und Eukalyptusbäumen oder in duftenden Pinienhainen. Feigen- und Maulbeerbäume sorgen für die nötige Wegzehrung. Malerisch überwuchern Schlingpflanzen und rot blühende Kakteen die Ruinen verfallender Natursteinhäuser.

Die Meseta de Nisdafe liegt in der Zone der Passatnebel, die besonders in den Wintermonaten der Landschaft etwas Geheimnisvolles verleihen. Im Frühling verwandelt sich die Hochebene in einen farbenprächtigen Blütenteppich. Im Sommer aber brennt die Sonne auf das flache

Land und dörrt es aus. *10 km von Valverde*

MIRADOR DE JINAMA [117 D3]
Der Aussichtspunkt mit einer kleinen Kirche klebt am Rand einer über 1200 m senkrecht abfallenden Steilwand. Sie schweben buchstäblich über dem Golf, und der Blick ist überwältigend. Der Wanderweg hinunter nach Frontera startet direkt bei der Aussichtsplattform und gehört zu den schönsten der Insel. Hier ist ein Taxitransfer nötig. *11 km von Valverde*

MIRADOR DE LA PEÑA ★ [117 D2]
Mit dem Auto erreichen Sie den Mirador (800 m) in westlicher Richtung über die Orte Mocanal und Guarazoca auf einer kleinen Straße. Das direkt an den Rand der nordwestlichen Steilwand über dem Golftal gebaute Aussichtsrestaurant ist ein Meisterwerk von César Manrique, dem berühmten Architekten aus Lanzarote. Bruchlos fügt es sich in die Landschaft ein. Durch die komplett verglaste Frontseite genießen Sie dort einen unvergesslichen Blick auf den gesamten Golfo, das weite Meer und die *Roques de Salmor,* eine der Steilküste vorgelagerte Felsgruppe. Auch der Innenraum ist äußerst kunstreich gestaltet und mit vielen endemischen Pflanzen geschmückt. Die Speisekarte ist an der traditionellen Küche orientiert. Wenn Sie kein Hauptgericht wollen, bestellen Sie einfach einen Espresso an der Bar und genießen die überwältigende Aussicht (*Tel. 922 55 03 00 | Mo geschl. | €€€).*

Direkt an der Straße von Valverde zum Mirador de la Peña in *Mocanal* liegt die Bar *Penultima (Calle Barlovento, 29 | Tel. 922 55 17 54 | So geschl. | €).* Hier herrscht ständiges Kommen und Gehen, fast jeder Einheimische, der durch Monacal fährt, wirft einen kurzen Blick hinein. An den winzigen Tischen findet man

Vom Mirador de la Peña haben Sie einen wunderbaren Blick aufs Meer

Insider Tipp kaum Platz, dafür gibt es die besten Tapas in der Gegend. Ideal für eine Mahlzeit zwischendurch. An der Straße vom Mirador de la Peña nach San Andrés, in *Guarazoca (Carretera Jarales, 1)* befindet sich *Artesanía y Sueños.* Das Sortiment diese sympatischen Ladens lässt sich leicht mit „von allem etwas" umschreiben, angefangen von Mitbringseln aller Art über handwerkliche Kostbarkeiten wie Töpfereien, Webereien und Holzarbeiten bis hin zu Honig und Wein. Die beiden deutschen Ladeninhaber, Jörk und Hilke, kennen sich zudem sehr gut auf der Insel aus und geben gern darüber Auskunft. *12 km von Valverde*

MIRADOR DE LAS PLAYAS UND MIRADOR DE ISORA [117 D4]

Nicht weniger spektakulär sind die zwei Miradores an der Ostflanke der Insel, in den Ausläufern des Kiefernwalds El Pinar. An den oberen Rand der senkrecht aufragenden Felswand *Risco de los Herreños* (800 m) geschmiegt, bieten sie eine sagenhafte Aussicht auf die Küstenlandschaft von Las Playas, den Parador Nacional und den Roque de la Bonanza. Schwindelfreiheit, Trittsicherheit und eine gute Kondition sind erforderlich. Diese Tour ist nur geübten Wanderern zu empfehlen, da ein Taxitransfer zu umständlich wäre und daher auch der Rückweg zu Fuß zurückgelegt werden muss. *11 km von Valverde*

LAS PLAYAS [117 E4]

Die lang gezogene, weite Bucht südlich vom Hafen *Estaca* liegt in völliger Abgeschiedenheit und landschaftlich äußerst reizvoll zu Füßen einer gewaltigen, zum Teil 800 m hohen, steil aufragenden Felswand. Wahrzeichen dieser Region ist die sehr markante, der Küste vorgelagerte Felsformation *Roque de la Bonanza.* Vor der überwältigenden Kulisse der Steilküste und des Felsens wird das Baden an den Kiesstränden der Bucht zu einem besonderen Erlebnis. Am Ende der Bucht liegt in völliger Abgeschiedenheit das schönste Hotel der Insel, der *Parador Nacional El Hierro (47 Zi. | Carretera General Las Playas, 26 | Tel. 922 55 80 36 | Fax 922 55 80 86 | www.parador.es | €€€).* Ruhe, Beschaulichkeit, Komfort und eine sehr gute Küche machen den Aufenthalt zu einem besonderen Erlebnis. Wer nicht einchecken möchte, der kann auf der wunderschönen Gartenterrasse einen Kaffee trinken und dabei den herrlichen Meerblick genießen. Wen beim Wandern oder Baden der Hunger überkommt, dem bietet das *Bar-Restaurante Bohemia* Snacks und eine einfache kanarische Küche. *(Las Playas, 36 | Tel. 922 55 83 80 | kein Ruhetag | €€). 11 km von Valverde*

POZO DE LAS CALCOSAS [117 E1]

Nordwestlich von Valverde liegt der Ort *Mocanal.* Vom Ortseingang führt eine serpentinenreiche Straße hinunter zur kleinen Kapelle Ermita San Lorenzo an der Steilküste. Eine steile Treppe schlängelt sich von dort bis ans Meer zum winzigen Dorf Pozo de las Calcosas, das nur in den Sommermonaten von einheimischen Urlaubern bewohnt wird. Viele der alten, strohgedeckten Häuser wurden liebevoll renoviert. Die zwei natürlichen Becken sind zum Teil betoniert und ein idealer und gut geschützter Badeplatz.

Schmackhafte Fischgerichte und Tapas gibt es in der Bar *Casa Carlos* am oberen Rand der Steilküste mit grandioser Aussicht auf die Bucht *(Tel. 922 55 11 53 | Ostern–Okt. kein Ruhetag | €€). 8 km westlich von Valverde*

PUERTO DE LA ESTACA [117 F3]

Eine serpentinenreiche Straße verbindet die Hauptstadt Valverde mit dem kleinen Fährhafen am Fuß der Steilküste. Dicht drängeln sich im kleinen Hafenbecken Fischerboote und Segelyachten, und viele Einheimische nutzen das klare und ruhige Wasser zum Baden und Schnorcheln. Nur bei Ankunft der Autofähren, die El Hierro von Teneriffas Südhafen Los Cristianos aus anlaufen, herrscht hier ein geschäftiges Treiben. Dann warten an der Mole zahlreiche Taxis, der Linienbus und die Mietwagenverleiher. Von der Terrasse der gemütlichen Hafenbar aus lässt sich alles gut überblicken. *8 km von Valverde*

SAN ANDRÉS [117 E3]

Eine gut ausgebaute Straße, die TF 912, verbindet Valverde mit dem 8 km südlich gelegenen San Andrés (800 Ew.). Jedes Jahr am ersten Junisonntag wird hier die sehenswerte *Fiesta de Apañada* gefeiert. Im Mittelpunkt dieses Fests steht der jährliche Viehmarkt, für den Ochsen, Schafe und Ziegen zusammengetrieben werden. Ein besonderer Spaß ist es, die meist sehr verwegen aussehenden Hirten beim lautstarken Feilschen zu beobachten. Neben der Prämierung der schönsten Tiere bietet das Rahmenprogramm Pferderennen und den traditionellen Ringkampf *Lucha Canaria.* Ausgelassene Stimmung herrscht später an den zahlreichen Buden, an denen Inselspezialitäten wie gegrilltes Ziegenfleisch und herreñischer Landwein angeboten werden.

Insider Tipp

Der Ort selbst verfügt über keine Sehenswürdigkeiten, bietet sich aber durch seine zentrale Lage als guter Ausgangspunkt für Rundwanderungen in die Hochebene an. Gut zu erreichen ist der nahe gelegene, berühmte „Heilige Baum“, der *Árbol Santo.* Der legendäre Lorbeerbaum *garoé* (Regenbaum) versorgte schon zu den Zeiten der Ureinwohner die ansonsten wasserarme Insel mit dem lebensnotwendigen Nass. Gut geschützt durch eine Felsnische, kondensierten an seinen Ästen die Passatwolken. Das abtropfende Wasser

> LOW BUDGET

- Sonntagsmarkt: Auf dem Dorfplatz oberhalb der Tankstelle von Tigaday gibt es sonntags von 9 bis 13 Uhr Obst, Gemüse und handwerklich gefertigte Gegenstände zu kleinen Preisen.
- Das Hotel Punta Grande ist oft ausgebucht. Wer ein paar Nächte im guten Klima von Las Puntas verbringen möchte, der wohnt gut und günstig in den geräumigen und liebevoll eingerichteten Häuschen der nahen *Apartamentos Noemi (6 Zi. | Tel. 922 55 90 81 | €).*

sammelte sich zu seinen Füßen in Mulden aus Basaltgestein. Aber im Jahr 1616 zerstörte ein heftiger Sturm den riesigen Baum, der erst 1949 neu gepflanzt wurde. Der Legende nach verriet eine Häuptlingstochter den streng geheim gehaltenen Standort des heiligen Baums an einen der spanischen Eroberer, in den sie sich verliebt hatte. Der Wunderbaum ist heute im Inselwappen abgebildet.

Den besten Käse von El Hierro kaufen Sie in der Landwirtschaftskooperative von *Isora* in *El Majano,* an der Straße von San Andrés nach Isora neben dem Recyclinghof. Es werden drei Sorten angeboten: *Queso fresco,* ein Frischkäse ähnlich dem italienischen Ricotta, *Queso ahumado,* der berühmte Räucherkäse, und *Queso curado,* ein reifer, gelagerter Hartkäse. Darüber hinaus bekommen Sie hier auch leckerer Honig. Wer den Käse mit nach Hause nehmen möchte, kann ihn sich in Folie luftdicht einpacken lassen. Insider Tipp

TAMADUSTE **[117 F2]**

In unmittelbarer Nähe des Flughafens schmiegt sich der in den letzten Jahren schnell gewachsene Badeort Tamaduste (450 Ew.) mit seinen weißen, kubischen Häusern malerisch an die schwarzbraune Kulisse des Vulkanbergs *Cancela.* Das klare, ruhige Wasser des vorgelagerten Naturhafens macht sofort Lust zum Hineinspringen. Liebevoll wurde hier ein Badeplatz gestaltet, mit kleinen Treppen, einem Sprungbrett und großzügigen Liegeflächen. Einige bunte Boote schaukeln auf dem bei Niedrigwasser nur knöcheltiefen Wasser, in dem dann auch Kinder und Nichtschwimmer angstfrei planschen können.

Wer ein paar Badetage einlegen möchte, übernachtet am besten in den geräumigen, geschmackvoll eingerichteten *Apartamentos Boomerang I,* mit Balkon direkt über dem Meer *(17 Zi. | El Cantil, 2 | El Tamaduste I | Tel. 922 55 02 54 | €€).* Etwas moderner eingerichtet sind die vier geräumigen Apartments von *Los Verodes (Calle Los Verodes, 1 | Tel. 922 55 01 59 | €€).* Gute traditionelle Küche, reiche Auswahl an Tapas und Verkauf von frischem Brot bietet das Restaurant *Tamaduste (Calle Tabaiba, 7 | Tel. 922 55 01 77 | €). 9 km von Valverde*

Hier klingt der Abend aus – oder beginnt erst, je nachdem: Bar in San Andrés

> KLEINE INSELN UND GROSSE LANDSCHAFTEN

Vulkane und Schluchten: mit dem Auto auf Entdeckungsfahrt

Die Touren sind auf dem hinteren Umschlag und im Reiseatlas grün markiert

1 GRANDIOSE NATUR: DIE WESTKÜSTE VON EL HIERRO

Diese Tour durch den Westen der kleinen Insel (64 km, mit Abstechern 93 km, etwa vier Stunden) bietet aufregende Vulkanlandschaften und den malerischen Ort Sabinosa, die Heilquelle Pozo de la Salud und den herrlichen Sandstrand Verodal. Nach einem Abstecher zum berühmten Leuchtturm Faro de Orchilla mit Badegelegenheit und dem Besuch des Inselheiligtums der Schutzpatronin führen kurze Abzweige zum Wacholderwald El Sabinar und zum höchsten Gipfel. Vergessen Sie Ihre Badesachen nicht und nehmen Sie Wasser und Proviant mit: Es gibt kaum Möglichkeit zum Einkehren.

Vom Kirchplatz in **Frontera** *(S. 68)* fahren Sie zum schönsten Ort der Insel, **Sabinosa** *(S. 73)*. Von dort führt eine serpentinenreiche Straße zur Heilquelle **Pozo de la Salud** *(S. 71)* an der Küste. Richtung Westen durch-

Bild: Blick vom Mirador de Bascos (El Hierro)

AUSFLÜGE & TOUREN

queren Sie anschließend die stark zerklüfteten Vulkanlandschaften des Küstenstreifens von Arenas Blancas und erreichen nach 5 km die Abzweigung zur *Playa del Verodal,* einem prachtvollen Strand.

Insider Tipp

Die folgenden 5 km windet sich eine schmale Straße in engen Kurven hoch zum Weideland der **Dehesa**. Von dieser Straße genießen Sie wunderbare Ausblicke auf mächtige Vulkankegel und das weite Meer.

Die Abzweigung einer Erdpiste zum 4,5 km entfernten **Faro de Orchilla** *(S. 77)* ist gut ausgeschildert. Der Leuchtturm liegt in einer schwarzen Einöde aus Lavagestein und Vulkankratern. Vor dem Faro biegt nach links eine Piste ab, die nach 1,5 km zu einer geschützten Badestelle führt.

Wieder auf der Straße, fahren Sie rechts Richtung **Santuario de la Virgen**, das Sie nach etwa 3 km erreichen. Nach dem lohnenden Besuch der kleinen **Ermita**, des Heiligtums der Schutzpatronin, führt ein 3 km langer, gut ausgeschilderter Abstecher zum einzigartigen Wacholderwald **El Sabinar** *(S. 72)*. Dort endet die Piste. Auf dem Rückweg zweigt nach links ein weiterer Abstecher zum **Mirador de Bascos** *(S. 79)* ab. Von der Ermita aus nehmen Sie die Straße nach Osten und folgen nach 6 km links einer kurvigen Piste hoch Richtung **Malpaso**, dem höchsten Berg der Insel. Die folgende Panoramastraße liegt 1200 m über dem Meeresspiegel. Sie führt an herrlichen Kiefernwäldern entlang und bietet grandiose Ausblicke auf die Lavafelder von El Julán und auf die Küste.

Die beschilderte Abzweigung zum Malpaso erreichen Sie nach etwa 8 km. Wenn Sie dann auf dem 1500 m hohen Gipfel stehen, liegt Ihnen die gesamte Insel zu Füßen. Nach weiteren 2 km kommen Sie zum **Cruz de los Reyes**, einem großen Platz mit Steinaltar und Holzkreuz. Von hier sind es noch 3 km bis zur Hauptstraße, in die Sie nach links einbiegen. Nach 19 km erreichen Sie Frontera.

2 LA GOMERA: IN DEN SCHLUCHTEN UND TÄLERN DES NORDENS

Die Rundtour durch die abwechslungsreichen Landschaften des Nordens ist 87 km, mit Abstechern 115 km lang und dauert etwa fünf Stunden. Herrliche Täler, malerische Orte, verlassene Dörfer, ein Meeresschwimmbad und das sanfte Bananental von Hermigua sind die Highlights. Badesachen nicht vergessen!

Sie fahren das Valle Gran Rey hoch und erreichen nach 12 km das Bergdorf **Arure** *(S. 52)*. Von hier gelangen Sie auf 4 km kurvenreicher Strecke zur Kreuzung Apartacaminos im Lorbeerwald. Der Weg bietet nach Osten hin wunderbare Blicke auf den Tafelberg **Fortaleza** *(S. 53)* und nach Westen, von einem markierten Aussichtspunkt aus, eine grandiose Sicht auf die Tallandschaft um den Ort **Epina**. An der Kreuzung fahren Sie geradeaus Richtung Vallehermoso. Nach 4 km durch schönsten Nebelwald gelangen Sie zum Restaurant Chorros de Epina. Kurz davor führt ein Steinplattenweg nach links zu einer Kapelle und weiter unten zu den berühmten Quellen an einem lauschigen Plätzchen im Wald.

Auf dem 6 km langen Weg durch das tief eingeschnittene Tal von Vallehermoso mit seinen abenteuerlich terrassierten Weinfeldern passieren Sie den kleinen Ort **Macayo**, der malerisch zwischen Palmenhainen liegt. Die folgende größere Ortschaft **Vallehermoso** *(S. 64)* wird überragt vom schroffen, 650 m hohen **Roque Cano**. Ein ausgeschilderter Abstecher leitet zur nahen Playa, die für den Badebetrieb ausgebaut wurde.

Durch einen Tunnel verlassen Sie den Ort Richtung Osten und gelangen auf einer Panoramastraße zum altkanarischen Weiler **Tamargada** *(S. 65)*. Bei der folgenden Streusiedlung **Las Rosas** sollten Sie den lohnenden Abstecher zum Inselmuseum und Besucherzentrum **Juego de Bolas** *(S. 63)* nicht versäumen (insgesamt etwa 6 km). Dort können Sie sich umfassend über Flora, Geschichte und Kultur von La Gomera informieren. Zwischen dem Museum und der benachbarten Kneipe führt eine kleine Straße steil bergab. An ihrem Ende zweigt eine Erdpiste zum **Mirador de Agulo** ab, von dem Sie einen schönen Ausblick auf den tief unter Ihnen liegenden Ort Agulo und auf die Nachbarinsel Teneriffa genießen können.

14 km von Vallehermoso entfernt liegt **Agulo** *(S. 62)* spektakulär auf einem Felsplateau über dem Meer, umrahmt von einer gewaltigen Steilwand. Ein Spaziergang durch die engen Gässchen lohnt sich ebenso wie der Besuch der Kirche. Danach geht es weiter, nunmehr in südlicher Richtung: Wenn nach 4 km das Tal von **Hermigua** *(S. 59)* vor Ihnen liegt, ist es Zeit für eine Erfrischungspause. Baden können Sie im Meeresschwimmbad (etwa 2 km) oder in der nahe gelegenen Badebucht **Playa de la Caleta** *(S. 62)* (etwa 6 km). Folgen Sie dann der Hauptstraße durch den lang gezogenen Ort, und versäumen Sie nicht einen Besuch des Webstuhlmuseums **Museo Los Telares** *(S. 60)* im oberen Ortsteil.

Nehmen Sie nach 7 km nicht die Nordstraße nach San Sebastián, sondern die kleine, kurvenreiche Straße, die sich durch eine wildromantische Gebirgslandschaft und durch Lorbeerwälder nach oben schlängelt. Nach 3 km zweigt eine gut beschilderte, steile Erdpiste nach rechts zum Weiler **El Cedro** *(S. 58)* ab, die im weiteren Verlauf betoniert ist. An der Kreuzung Cruz de la Zarzita gelangen Sie links zum etwa 1 km entfernten **Roque Agando**, einem mächtigen Basaltmonolithen. Rechts führt Sie die Höhenstraße über 7 km zur **Laguna Grande** *(S. 58)* und nach weiteren 24 km zurück ins Valle Gran Rey.

Informative Schautafeln im Besucherzentrum Juego de Bolas

EIN TAG AUF LA GOMERA

Action pur und einmalige Erlebnisse.
Gehen Sie auf Tour mit unserem Szene-Scout

KAFFEE MIT AUSSICHT

8:00

Der Tag startet mit einem Frühstück im *El Ambigú* in San Sebastián. Unter alten Bäumen mit Blick auf schöne Kolonialbauten werden Café con Leche und frisch gepresste Fruchtsäfte serviert. So lässt es sich leben! **WO?** *Plaza de las Américas, San Sebastián*

10:00

DSCHUNGELABENTEUER

Gut gestärkt gehts in den mystischen Nebelwald. Inmitten einer einzigartigen Pflanzenwelt fühlt man sich wie im Dschungel. Der Parkguide führt kleine Gruppen in die Botanik und spürt seltene Pflanzen auf. Spannend! **WO?** *Treffpunkt La Laguna Grande | Anmeldung unter Tel. 922 80 09 93 | Sommerhalbjahr: Mi u. Sa kostenlos, ansonsten laut Absprache*

SO LECKER!

13:30

Zurück in die Zivilisation und auf kurvenreicher Straße zum Restaurant *Los Chorros de Epina*. Beim Mittagsimbiss, zum Beispiel Ziegenfleisch in pikanter Soße, auf der herrlichen Terrasse den gigantischen Blick auf die Nordwestseite der Insel genießen. **WO?** *Gral. del Norte, km 50*

15:00

UNTER WASSER

Jetzt wirds nass! Mit dem Boot von *Fisch & Co.* geht es zum Schnorcheln. Flossen an, Maske auf und und in die faszinierende Unterwasserwelt abtauchen. **WO?** *Tauchschule Fisch & Co., Calle la Noria, 5, La Playa | Anmeldung unter Tel. 922 80 56 88 | Kosten: ab 19 Euro/Person | www.fischco.de*

24 h

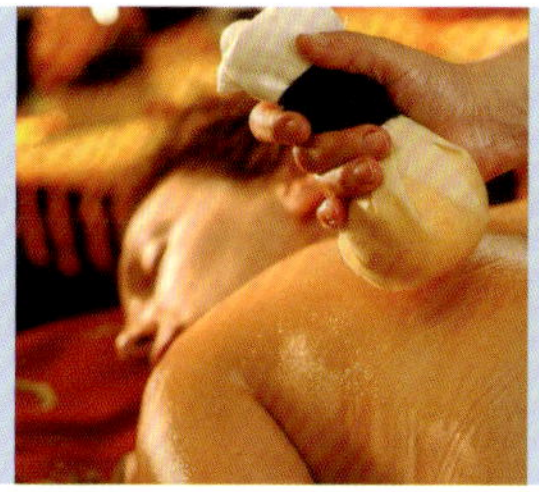

AUSZEIT

17:30

Hier wird entspannt – bei einer Massage von Ulrike Schill. Langsam lockern sich die Muskeln, die Gedanken schweifen ins Unendliche und Körper und Seele kommen in Einklang! **WO?** *Fortaleza, Residencial El Lano, Ortsteil Borbalán | Kosten: 50 Euro/Std. | Anmeldung unter Tel. 922 80 59 61*

19:00

SUNDOWNER

Ab zur Playa an der Casa Maria und mit allen Sinnen den Sonnenuntergang erleben. Trommler, Gitarristen und Tänzer bevölkern den Strand und bieten die perfekte Untermalung für das Schauspiel, wenn die Sonne Himmel und Meer blutrot färbt. Zuhören, zuschauen und für immer im Gedächtnis behalten. **WO?** *Playa del Inglés*

FRISCHER FISCH

20:30

Hunger? Dann nichts wie ab ins 2 km entfernte Restaurant des Hotels *Charco del Conde*. Hier ist Fisch Pflicht. Superfrisch und kross gegrillt kommt er auf den Teller. Mit etwas Zitrone beträufeln und schlemmen. **WO?** *Avida Marítima, Puntilla | www.charcodelconde.com*

22:30

RITMO DE LA NOCHE

Nette Leute, entspannte Latinorhythmen, leckere Cocktails und eine Partie Backgammon: Mehr braucht es nicht, um in der Bar *La Tasca* den Tag stimmungsvoll ausklingen zu lassen. **WO?** *Calle Abisinia 5 | Vueltas | Valle Gran Rey | www.barlatasca.com*

> ERLEBNIS BERGWELT

Wer sich allein zum Wasser hingezogen fühlt, ist auf La Gomera und El Hierro fehl am Platz. (Rad-) Wandern hingegen ist nach wie vor in

> Wandern ist die bevorzugte Sportart auf den beiden ursprünglichen Inseln. So klein sie sind, so vielfältig und verzweigt ist ihr Wegenetz. Ausgedehnte Mehrtagestouren lassen sich ebenso durchführen wie spontane Kurztrips.

Radfahren ist auf den gebirgigen Inseln eine sehr sportliche Herausforderung, sofern man sich nicht mit dem Shuttlebus zu den höchsten Punkten chauffieren lässt. Auf La Gomera bietet die Bike Station diesen viel geschätzten Service an, wodurch sich schon einmal gut 1200 Höhenmeter im Anstieg einsparen lassen. Wassersport ist zwar nicht so stark verbreitet, doch an manchen Stellen durchaus zu empfehlen. Vor beiden Inseln gibt es gute Tauchreviere.

ANGELN

Die Gewässer an der Nordküste sind sehr fischreich und bieten geduldigen

Bild: Wanderweg ins Valle Gran Rey

SPORT & AKTIVITÄTEN

Anglern Gelegenheit, einen ganz großen Fisch an Land zu ziehen. Bei der Beschaffung einer Angelerlaubnis ist das Touristenbüro in Valverde gern behilflich. Vorsicht an exponierten Plätzen, denn auch bei scheinbar ruhiger See können unvermutet Riesenbrecher anlanden und Angler ins Meer spülen. Ein Angelschein ist gültig für fünf Jahre, gilt für das ganze Archipel, kostet 15 Euro und ist erhältlich bei *Agricultura (Ganadería y Pesca | Calle Simón Acosta, 2 | Valverde | Tel. 922 55 01 01 | agricultura@el-hierro.org).*

GOLF

Bei Playa de Santiágo ist einer der schönsten Golfplätze der Kanarischen Inseln entstanden. Der von dem Golfarchitekten Donald Steel entworfenen Par-71-Kurs liegt auf einem Hang über den Klippen mit ständigem Blick auf das Meer und den Gipfel des Teide. Einzigartig ist die schöne Bepflanzung mit vielen einheimischen Gewächsen *(www.tecinagolf.com)*.

PARAGLIDING

Wenn Sie einmal einen Blick aus der Vogelperspektive auf die Insel werfen möchten, dann sind Sie im *Club Parapente Guelillas de Hierro* richtig. Auf Anfrage werden auch Flugkurse durchgeführt. *Calle Doctor Quintero, 23 | Tel. 922 55 08 96 | Fax 922 55 14 63 | www.clubguelillas.com*

RADFAHREN

Die schönsten Radgebiete auf La Gomera sind neben dem Valle Gran Rey der Nationalpark Garajonay und die Nordküste mit den Orten Vallehermoso, Agulo und Hermigua; im Regenwald El Cedro gibt es anspruchsvolle Pisten. Anlass genug also für ambitionierte Straßenradler und Mountainbiker, kräftig in die Pedale zu treten. Die *Bike Station Gomera (La Puntilla No. 7 | Valle Gran Rey | Tel./Fax 922 80 50 82 | www.bike-station-gomera.com)* verleiht neben hochwertigen Mountainbikes auch Cityräder für kleinere Ausflüge. *Mountainbike ab 14 Euro/Tag bzw. 70 Euro/Woche, geführte Touren für 36 Euro.* Auch *Bikers Inn* bietet unter kompetenter deutscher Leitung geführte Radtouren an und verleiht *Bikes (Calle San Miguel, Vueltas | Tel. 922 80 51 42 | www.bikers-inn.eu):* Mountainbike ab 15 Euro, geführte Touren (Guide plus Transfer) je nach Destination ab 20 Euro zuzüglich Mietkosten für das Bike (15–19 Euro).

TAUCHEN

Das Tauchrevier um El Hierro gilt als das beste der Kanaren. Vulkanische Tätigkeiten haben auch unter Wasser eine Welt aus bizarren Felsformationen, steilen Abbrüchen und geheimnisvollen Höhlen entstehen lassen.

Der professionell geführte *Club de Buceo Hierro Sub* verleiht Tauchgerät und bietet begleitete Tauchgänge entlang der gesamten Nordküste *(Carretera Las Playas, 5 | 2 km südlich von Timijiraque | Tel. 922 55 04 82 | www.centrodebuceoelhierro.com).* Die Touristeninformation in Valverde bietet ein Liste aller Tauchschulen auf El Hierro, eine deutschsprachige Leitung gibt es bei *Fan Diving in La Restinga (El Varadero, oberhalb der Casa Kai Marino | Tel./Fax 922 55 70 85 | www.el-hierro-tauchen.de).*

Auf La Gomera bietet die Südküste eine faszinierende Unterwasserwelt mit Felsdurchbrüchen, Höhlen und schroffen Abgründen. Im *Hotel Tecina* in Playa de Santiago sowie im *Centro de Buceo (Playa in Valle Gran Rey | Tel. 922 80 56 88 | tgl. außer Fr 17–19 Uhr)* haben sich gut ausgerüstete Tauchschulen niedergelassen. Zwei Stunden Schnuppertauchen kostet mit kompletter Ausrüstung 38 Euro, außerdem gibt es tägliche Tauchausfahrten per Boot.

WANDERN

La Gomera ist ein Eldorado für Wanderer. Vom zentral gelegenen Nationalpark Garajonay führen sternförmig Wanderrouten zu den Küsten hinab. Dort finden Wanderer vor allem in der Region um Vallehermoso und

Nebenbei kann man sich an der Bar erfrischen oder in den umliegenden Felsen herumturnen.

Beide Schwimmbäder sind von den jeweiligen Orten aus beschildert und somit einfach zu finden. *Nur im Sommer geöffnet | Eintritt frei*

EL HIERRO

HOYA DEL MORCILLO [117 C4]

Schattiger Grillplatz unter riesigen Kanarischen Kiefern mit Bolz- und großem Spielplatz. An den Wochenenden kommen viele einheimische Familien mit ihren Kindern an diesen gemütlichen Ort. *Der Straße von San Andrés etwa 5 km in Richtung Faro de Orchilla folgen*

LAGARTARIO [117 D3]

In dem Schauterrarium sind die Rieseneidechsen *Lagato gigante de Salmor,* die großen Brüder der Eidechsen, zu sehen. Sie galten schon als ausgestorben, als sie Mitte der 1970er-Jahre an den *Roques de Salmor* entdeckt und unter Artenschutz gestellt wurden. Die urzeitlich anmutenden Tiere erreichen eine Länge von bis zu 70 cm. Skelettfunde belegen, dass ihre Vorfahren sogar mehr als doppelt so groß wurden. Auf Schautafeln sind viele Details dazu dargestellt. Die Botanikerin erzählt zunächst auf Spanisch und dann auf Deutsch alles Interessante über die Tiere. 1999 hat man einige Exemplare aus dem Terrarium wieder im Ursprungsgebiet ausgesetzt, wo sie sich offensichtlich wohl fühlen. *Neben dem Museumsdorf Guinea | Di–Sa 10–14 und 16–18, So 11–14 Uhr | Eintritt 4,25 Euro | Kinder bis 12 Jahre frei*

PLAYA DE LA CALETA [117 F2]

Der beliebte Badeplatz für Kinder liegt in einer geschützten Bucht an der Ostküste. Die Großen können von der Felsmauer ins Meer springen, während die Kleinen sich in einem separaten Plantschbecken tummeln. Ein weiteres Schwimmbecken ist ebenfalls vom Meer abgetrennt, es gibt Duschen und WC sowie Einkehrmöglichkeiten vor Ort. *Von Valverde aus kurz vor dem Flugplatz rechts abbiegen*

Esel sollen ja störrisch sein; dieser lässt sich zumindest streicheln

> VON ANREISE BIS ZOLL

Urlaub von Anfang bis Ende: die wichtigsten Adressen und Informationen für Ihre Reise nach La Gomera und El Hierro

ANREISE

AUTO

Wer nicht auf das eigene Auto verzichten will, muss eine Zeit raubende und kostspielige Anreise (etwa 2500 km) über Frankreich und Spanien in Kauf nehmen. Vom südspanischen Hafen Cádiz verkehrt wöchentlich eine Autofähre nach Santa Cruz auf Teneriffa. In den Ferienzeiten im Sommer benutzen viele Festlandspanier diese Verbindung, und Plätze müssen lange im Voraus gebucht werden.

FÄHRE

Die meisten Gomera-Urlauber nehmen von Teneriffa aus den Weg über das Meer. Fährhafen ist Los Cristianos im Süden der Insel, nur etwa 15 Minuten vom Flughafen entfernt und problemlos mit Taxi oder Bus zu erreichen. Regelmäßig verkehren von hier schnelle und gut ausgestattete Autofähren nach San Sebastián de la Gomera. Die Fahrzeit beträgt je nach Fähre 45 bzw. 90 Minuten, der Preis für eine einfache Fahrt liegt zwischen 16 und 24 Euro.

Nach El Hierro verkehrt die Linie Armas, Abfahrt 19 Uhr von Los Christianos und Ankunft gegen Mitternacht; eine direkte Verbindung zwischen La Gomera und El Hierro besteht sonntags um 21 Uhr ab San Sebastián.

PRAKTISCHE HINWEISE

FLUGZEUG

Sowohl auf La Gomera als auch auf El Hierro gibt es einen Flughafen, beide werden jedoch von den internationalen Jets nicht angeflogen und haben untereinander auch keine Verbindung. So bleibt nur der direkte Charterflug nach Gran Canaria und von dort weiter mit einer Propellermaschine der regionalen Fluggesellschaft Binter Canarias nach Playa de Santiago im Süden von La Gomera oder in die Nähe der Hauptstadt Valverde auf El Hierro. Etwas aufwendiger ist der Direktflug nach Teneriffa, da für den Weiterflug nach La Gomera bzw. El Hierro der Flughafen gewechselt werden muss (etwa 1 Std. Bustransfer). Die Inselflüge sind relativ teuer, von Teneriffa nach La Gomera zahlt man hin und zurück immerhin 128 Euro.

AUSKUNFT

SPANISCHE FREMDENVERKEHRSÄMTER

Kurfürstendamm 63 | 10707 Berlin | Tel. 030/882 65 43 | Fax 882 66 61; zentrale Rufnummer für Broschüren und Infomaterial *Tel. 06123/991 34; Walfischgasse 8 | 1010 Wien | Tel. 01/512 95 80 | Fax 512 95 81; Seefeldstrasse 19 | 8008 Zürich | Tel 01/252 79 30 | Fax 252 62 04;* offizielle Website: *www.tourspain.es*

AUTO

In Ortschaften beträgt die Höchstgeschwindigkeit 50 km/h, ansonsten 80 km/h. Die Promillegrenze liegt bei 0,5. Anschnallen ist Pflicht, Führerschein und Ausweispapiere müssen mitgeführt werden. Es empfiehlt sich, die Vorschriften sehr genau einzuhalten, denn die Strafen sind drastisch und reißen große Löcher in die Urlaubskasse. Telefonieren während der Fahrt ist nur mit Freisprechanlage erlaubt.

Im Vergleich zu anderen europäischen Ländern sind Benzin und Diesel auf den Kanaren sehr billig. Bleifreies Benzin gibt es überall. Selbstbedienung ist nicht erwünscht. Es ist ratsam, vor Inselrundfahrten zu tanken, denn auf La Gomera und El Hierro gibt es nur wenige Tankstellen.

BANKEN & GELDWECHSEL

Geldautomaten gibt es in jedem größeren Touristenort. Die Heimatbank stellt dafür hohe Gebühren in Rechnung, sodass Sie zumindest für den ersten Teil des Urlaubs genügend Bargeld von zu Hause mitnehmen sollten. Kreditkarten werden in fast allen Restaurants und Geschäften akzeptiert. Gängig sind Visa, American Express und Eurocard.

Schalterstunden der Banken: *Mo–Fr 8.30–14 Uhr, manche auch Do 17–19 und Sa 8.30–13 Uhr*

CAMPING

Auf El Hierro gibt es in Hoya del Morcillo einen einfachen Campingplatz, auf La Gomera einen im Weiler El Cedro. Campen auf Privatgrundstücken ist nach Absprache mit dem Besitzer eventuell möglich. In jedem Fall auf offenes Feuer verzichten und alles sauber hinterlassen. Verboten sind Übernachtungen an Stränden, in Flussbetten und Naturschutzparks.

DIPLOMATISCHE VERTRETUNGEN

Auf den kleinen Inseln gibt es keine diplomatischen Vertretungen. Zuständig sind die Konsulate auf Teneriffa bzw. Gran Canaria *(Bürozeiten Mo–Fr 9–12 Uhr):*

Deutsches Honorarkonsulat, *Calle Costa y Grijalba, 18 | Santa Cruz de Tenerife | Tel. 922 24 88 20 | Fax 922 15 15 55*

Österreichisches Konsulat, *Calle Villalba Herbas, 2 | Santa Cruz de Tenerife | Tel. 922 24 37 99*

Schweizer Konsulat, *Calle Domingo Rivero, 2 | Las Palmas de Gran Canaria | Tel. 928 29 34 50 | Fax 928 29 00 70*

EINREISE

Mitglieder der Europäischen Union werden nicht mehr kontrolliert. Gültige Ausweispapiere müssen aber mitgeführt werden.

GESUNDHEIT

Aktuelle Informationen vor der Reise: *www.fit-for-travel.de.*

Besucher aus EU-Ländern genießen auch auf den Kanaren Versicherungsschutz. Benötigt wird die europäische Krankenversicherungskarte, die Sie mit den nötigen Informationen bei Ihrer Krankenkasse erhalten. Dieser gilt nur für zugelassene Kassenärzte und nicht für Privatärzte. Es ist daher sinnvoll, zusätzlich eine Reisekrankenversicherung (etwa 10 Euro für 14 Tage) abzuschließen, die einen eventuellen Rücktransport beinhaltet und die Kosten auch für Privatärzte und Medikamente bei Vorlage einer Rechnung erstattet. Diese Rechnung sollte so detailliert wie möglich sein *(cuenta detallada).* Für eine ärztliche Behandlung werden etwa 40 Euro berechnet.

Die medizinische Versorgung ist in der Regel gut. Für kleinere Probleme und erste Hilfe ist das örtliche Gesundheitszentrum, das *Centro de Salud,* zuständig, bei ernsteren Verletzungen und Krankheiten das Hospital.

San Sebastián: *Centro de Salud | Avenida José Aguian, s/n | Tel. 922 87 20 05*

Valle Gran Rey: *Centro de Salud | oberhalb Calera | Tel. 922 80 70 05*

Valverde: *am Ortsausgang Richtung Hafen im Hospital Insular | Tel. 922 55 35 90*

Apotheken *(farmacias)* sind durch ein grünes Kreuz auf weißem Grund gekennzeichnet. Öffnungszeiten: *Mo–Fr 9–13 und 16–19 Uhr, Sa nur vormittags.* Die aktuellen Adressen der Notdienste *(farmacia de guardia)* hängen aus.

ZAHNÄRZTE

Die einheimischen Zahnärzte sprechen ausschließlich Spanisch. Sehr zu empfehlen ist auf La Gomera die deutsche Zahnärztin Frau Schütz in Playa Santiago, *Calle La Junta, s/n | schräg gegenüber der Apotheke | Tel. 922 80 55 22,* auf El Hierro in El Golfo *Dr. Javier Alvarez Lopez |*

Calle Las Lajas, 10 | Tel. 922 55 03 42.

INTERNET

Über La Gomera findet man etliche informative Websites mit vielen Tipps zur Insel und Hinweise auf Unterkünfte. Sie haben alle relativ gleichlautende Namen: *www.sonneninsel-la-gomera.de*, *www.insel-gomera.de*, *www.lagomera.de*, *www.gomera.de*, *www.gomera-insel.de*. Auf *www.insel-la-gomera.de* finden Sie zusätzlich viele weiterführende Links. Viele Infos und einige Videos über die Szene bietet *www.lagomera.net*. Darüber hinaus gibt es mit *www.cabildogomera.org* die offizielle Site der Inselregierung sowie unter *www.gomera-island.com* die offizielle Site des *Patronato de Turismo*. Auf *www.gomeralive.de* finden Sie viele gute Tipps zu allgemeinen Themen, Sehenswürdigkeiten, Übernachtungsmöglichkeiten und Restaurants. Wer gern in Landhäusern logiert, wird auf *www.islarural.com* – einige interessante Adressen finden, die auch einen längeren Aufenthalt lohnen.

Für El Hierro lautet die offizielle Site *www.elhierro.es*. Viele gute Tipps finden Sie auch unter *www.insel-hierro.de* sowie unter *www.myhierro.com*.

INTERNETCAFÉS & WLAN

Internetzugang besteht mittlerweile in fast allen Orten auf beiden Inseln. Die aufgestellten PC-Automaten bieten auch USB-Anschluss sowie ausgewählte Office-Anwendungen und kosten in der Regel 1 Euro pro Stunde.

MIETWAGEN

Wer sein Mietauto nicht gleich von Deutschland aus bucht, findet sowohl auf La Gomera als auch auf El Hierro zahlreiche Autovermieter, die ihre Dienste bereits am Hafen oder Flughafen anbieten. Auf jeden Fall lohnt es sich, die Preise zu vergleichen.

Preisliche Richtschnur für einen Wagen der Kategorie B, inklusive aller Nebenkosten und Vollkaskoversicherung mit geringer Selbstbeteiligung, sind 32 Euro pro Tag. Benötigt werden gültige Ausweispapiere und der Führerschein. Das Mindestalter beträgt 21 Jahre.

WAS KOSTET WIE VIEL?

> TAXI	**90 CENT** pro Kilometer
> KAFFEE	**90 CENT** für eine Tasse Espresso
> WASSER	**AB 50 CENT** für eine Flasche (1,5 l) im Supermarkt
> BUSFAHRT	**ETWA 1 EURO** für 12 km
> BENZIN	**75 CENT** für 1 l Normalbenzin
> IMBISS	**AB 2 EURO** für Tapas im Lokal

ÖFFENTLICHE VERKEHRSMITTEL

Fast alle Orte sind mit dem Bus erreichbar. Startpunkt ist immer die jeweilige Hauptstadt. Bei Ankunft der Fähre warten Busse, die zu den wichtigsten touristischen Orten der Insel fahren. Bus fahren ist günstig, und die Busse halten, auf ein deutliches Zeichen hin, auch auf offener Straße. Wer unterwegs aussteigen möchte, muss sich rechtzeitig beim Fahrer bemerkbar machen. Die Busse fahren sehr pünktlich ab, und besonders im Valle Gran Rey, wo sie manchmal überfüllt sind, ist es ratsam, sehr zeitig da zu sein. Das rasante Tempo der meisten Busse auf den kurvigen Straßen von La Gomera ist nichts für schwache Mägen und Nerven.

NOTRUF

Bei Diebstahl und allen Arten von Notfällen ist die *Guardia Civil* zuständig, *Tel. 112*

POST

Die Postämter in den Hauptorten sind meist gut ausgeschildert und ohne Probleme zu finden. Marken für normale Briefe in EU-Länder und in die Schweiz kosten 55 Cent, für Postkarten 53 Cent. Öffnungszeiten *Mo–Fr 9–14, Sa 9–13 Uhr*

PREISE

Ein Restaurantbesuch in den Touristenorten ist vom Preis her etwas günstiger als in deutschen Großstädten. Insbesondere auf El Hierro kann man in abgelegenen Lokalen mit einheimischen Gästen preiswert essen. Wegen der reduzierten Steuersätze ist auf beiden Inseln das Tanken deutlich billiger als zu Hause, auch Zigaretten und alkoholische Getränke sind etwas günstiger zu bekommen.

STROM

Alle Hotels, Pensionen und Apartmenthäuser verfügen über 220 Volt.

TAXI

Taxistände finden Sie in allen größeren Orten, am Hafen und am Flugha-

WETTER IN SAN SEBASTIÁN

	Jan.	Feb.	März	April	Mai	Juni	Juli	Aug.	Sept.	Okt.	Nov.	Dez.
Tagestemperaturen in °C	20	21	22	23	24	26	28	29	28	26	24	21
Nachttemperaturen in °C	14	14	15	16	17	19	20	21	21	19	17	16
Sonnenschein Std./Tag	6	6	7	8	9	10	11	11	8	7	6	6
Niederschlag Tage/Monat	7	5	4	2	1	0	0	0	0	4	5	7
Wassertemperaturen in °C	19	18	18	18	19	20	21	22	23	23	21	20

fen. Allerdings sind sie ab etwa 22 Uhr nicht mehr besetzt. Meist kennt aber der Barmann oder der Apartmentbesitzer privat einen *taxista,* den er anrufen kann. Das gilt auch für kleinere Orte ohne Stand. Alle Taxis haben ein Taxameter, und Sie können darauf bestehen, dass er eingeschaltet wird. Meist werden aber Festpreise vereinbart. Auf jeden Fall vorher nach dem Preis erkundigen!

TELEFON & HANDY

Die Telefonhäuschen der spanischen Telefongesellschaft *Telefónica* bieten sowohl Münz- als auch Kartentelefone. Telefonkarten bekommen Sie in Schreibwaren- und Zeitschriftenläden. Die Vorwahl bei Auslandsgesprächen lautet für Spanien 0034, Deutschland 0049, Österreich 0043, die Schweiz 0041; bei der Ortsvorwahl die voranstehende Null weglassen. In Spanien gibt es keine Ortsvorwahlen, sie sind in die Teilnehmernummer integriert.

Beim Roaming spart, wer das günstigste Netz wählt. Eine Prepaidkarte, mit der man eine spanische Rufnummer erhält und dann zum lokalen Tarif telefonieren kann, lohnt sich wegen der hohen Anschaffungskosten nur für Vieltelefonierer. Prepaidkarten wie die von Global-Sim *(www.globalsim.net)* oder Globilo *(www.globilo.de)* sind zwar noch teurer, ersparen aber ebenfalls alle Roaminggebühren. Und: Sie bekommen schon zu Hause Ihre neue Nummer. Immer günstig sind SMS. Hohe Kosten verursacht die Mailbox: Denken Sie daran, sie noch im Heimatland abzuschalten!

TRINKGELD

War der Service gut, ist ein Trinkgeld von bis zu 10 Prozent angemessen. Lassen Sie sich aber zunächst das gesamte Wechselgeld zurückgeben, und legen Sie erst dann den Tip hin. Aufrunden des Rechnungsbetrags, wie in Deutschland üblich, stiftet nur Verwirrung und führt zu Missverständnissen.

Zeit der Mandelblüte

ZEIT

Ob Sommer- oder Winterzeit, die Uhr muss auf den Kanarischen Inseln immer eine Stunde zurückgestellt werden.

ZOLL

Obwohl sie zur Europäischen Union gehören, gelten für die Kanarischen Inseln zollrechtliche Sonderbestimmungen. Nach Österreich und Deutschland dürfen eingeführt werden: 200 Zigaretten oder 100 Zigarillos oder 50 Zigarren, 1 l hochprozentige Spirituosen mit mehr als 22 % Alkohol und 2 l Wein. Erlaubt sind daneben 50 g Parfüm, 0,25 l Eau de Toilette, 500 g Kaffee. Für Schweizer Staatsbürger gelten ähnliche Bestimmungen.

> ¿HABLAS ESPAÑOL?

„Sprichst du Spanisch?" Dieser Sprachführer hilft Ihnen, die wichtigsten Wörter und Sätze auf Spanisch zu sagen

Aussprache

Zur Erleichterung der Aussprache:

c	vor „e" und „i" stimmloser Lispellaut stärker als engl. „th"
ch	stimmloses „tsch" wie in „tschüss"
g	vor „e, i" wie deutsches „ch" in „Bach"
gue, gui/que, qui	das „u" ist immer stumm, wie deutsches „g"/„k"
j	immer wie deutsches „ch" in „Bach"
ll, y	wie deutsches „j" zwischen Vokalen. Bsp.: Mallorca
ñ	wie „gn" in „Champagner"

AUF EINEN BLICK

Ja./Nein.	Sí./No.
Vielleicht.	Quizás./Tal vez.
In Ordnung./Einverstanden!	¡De acuerdo!/¡Está bien!
Bitte./Danke.	Por favor./Gracias.
Vielen Dank!	Muchas gracias.
Gern geschehen.	No hay de qué./De nada.
Entschuldigung!	¡Perdón!
Wie bitte?	¿Cómo dice/dices?
Ich verstehe Sie/dich nicht.	No le/la/te entiendo.
Können Sie mir bitte helfen?	¿Puede usted ayudarme, por favor?
Ich möchte …	Quiero …/Quisiera …/Me gustaría …
Das gefällt mir (nicht).	(No) me gusta.
Haben Sie …?	¿Tiene usted …?
Wie viel kostet es?	¿Cuánto cuesta?

KENNENLERNEN

Guten Morgen!	¡Buenos días!
Guten Tag!	¡Buenos días!/¡Buenas tardes!
Guten Abend!	¡Buenas tardes!/¡Buenas noches!
Hallo! Grüß dich!	¡Hola! ¿Qué tal?
Ich heiße …	Me llamo …
Wie ist Ihr Name, bitte?	¿Cómo se llama usted, por favor?
Wie geht es Ihnen/dir?	¿Cómo está usted?/¿Qué tal?
Danke. Und Ihnen/dir?	Bien, gracias. ¿Y usted/tú?
Auf Wiedersehen!	¡Adiós!
Tschüss!	¡Adiós!/¡Hasta luego!
Bis morgen!	¡Hasta mañana!

SPRACHFÜHRER SPANISCH

UNTERWEGS

AUSKUNFT

links/rechts	a la izquierda/ a la derecha
geradeaus	todo seguido/derecho
nah/weit	cerca/lejos
Wie weit ist das?	¿A qué distancia está?
an der Ampel	al semáforo
an der nächsten Ecke	en la primera esquina
Bitte, wo ist …	Perdón, ¿dónde está …
… der Busbahnhof?	… la estación de autobuses?
… die Haltestelle?	… la parada?
Fahrplan	horario
Eine Fahrkarte nach … bitte.	Un billete para …, por favor.
Ich möchte hier aussteigen.	Quiero bajar aquí.
Ich möchte … mieten.	Quisiera alquilar …
… ein Auto …	… un coche.
… ein Boot …	… un barco.

PANNE

Ich habe eine Panne.	Tengo una avería.
Würden Sie mir bitte einen Abschleppwagen schicken?	¿Puede usted enviarme un cochegrúa, por favor?
Gibt es hier in der Nähe eine Werkstatt?	¿Hay algún taller por aquí cerca?

TANKSTELLE

Wo ist bitte die nächste Tankstelle?	¿Dónde estála gasolinera más cercana, por favor?
Ich möchte … Liter …	Quisiera … litros de …
… Normalbenzin.	… gasolina normal.
… Super./… Diesel.	… súper./… diesel.
Voll tanken, bitte.	Lleno, por favor.

UNFALL

Hilfe!	¡Ayuda!/¡Socorro!
Achtung!	¡Atención!
Rufen Sie bitte schnell …	Llame enseguida …

… einen Krankenwagen. — … una ambulancia.
… die Polizei. — … a la policía.
… die Feuerwehr. — … a los bomberos.
Haben Sie Verbandszeug? — ¿Tiene usted botiquín de urgencia?
Es war meine Schuld. — Ha sido por mi culpa.
Es war Ihre Schuld. — Ha sido por su culpa.
Geben Sie mir bitte Ihren Namen und Ihre Anschrift. — ¿Puede usted darme su nombre y dirección?

ESSEN & TRINKEN

Wo gibt es hier … — ¿Dónde hay por aquí cerca …
… ein gutes Restaurant? — … un buen restaurante?
… ein nicht zu teures Restaurant? — … un restaurante no demasiado caro?
Reservieren Sie uns bitte für heute Abend einen Tisch für vier Personen. — ¿Puede reservarnos para esta noche una mesa para cuatro personas?
Die Speisekarte, bitte. — La carta, por favor.
Könnte ich bitte … haben? — ¡Tráigame …, por favor!
… ein Messer — … un cuchillo
… eine Gabel — … un tenedor
… einen Löffel — … una cuchara
Auf Ihr Wohl! — ¡Salud!
Bezahlen, bitte. — ¡La cuenta, por favor!

EINKAUFEN

Wo finde ich … — Por favor, ¿dónde hay …
… eine Apotheke? — … una farmacia?
… eine Bäckerei? — … una panadería?
… ein Fotogeschäft? — … una tienda de artículos fotográficos?
… ein Einkaufszentrum? — … un centro comercial?
… ein Lebensmittelgeschäft? — … una tienda de comestibles?
… den Markt? — … el mercado?

ÜBERNACHTEN

Können Sie mir bitte … empfehlen? — Perdón, señor/señora/señorita. ¿Podría usted recomendarme …
… ein Hotel… — … un hotel?
… eine Pension… — … una pensión?
Ich habe ein Zimmer reserviert. — He reservado una habitación.
Haben Sie noch … — ¿Tienen ustedes …?
… ein Einzelzimmer? — … una habitación individual?

… ein Zweibettzimmer?	… una habitación doble?
… mit Dusche/Bad?	… con ducha/baño?
… für eine Nacht?	… para una noche?
… für eine Woche?	… para una semana?
Was kostet das Zimmer mit …	¿Cuánto cuesta la habitación con …
… Frühstück?	… desayuno?
… Halbpension?	… media pensión?

PRAKTISCHE INFORMATIONEN

Können Sie mir einen guten Arzt empfehlen?	¿Puede usted indicarme un buen médico?
Ich habe hier Schmerzen.	Me duele aquí.
Ich habe …	Tengo …
… Kopfschmerzen.	… dolor de cabeza.
… Zahnschmerzen.	… dolor de muelas.
… Durchfall.	… diarrea.
… Fieber.	… fiebre.
Was kostet …	¿Cuánto cuesta …
… ein Brief …	… una carta …
… eine Postkarte …	… una postal …
… nach Deutschland?	… para Alemania?
Eine Briefmarke, bitte.	Un sello, por favor.

ZAHLEN

0	cero
1	un, uno, una
2	dos
3	tres
4	cuatro
5	cinco
6	seis
7	siete
8	ocho
9	nueve
10	diez
11	once
12	doce
13	trece
14	catorce
15	quince
16	dieciséis
17	diecisiete
18	dieciocho
19	diecinueve
20	veinte
21	veintiuno, -a, veintiún
22	veintidós
30	treinta
40	cuarenta
50	cincuenta
60	sesenta
70	setenta
80	ochenta
90	noventa
100	cien, ciento
200	doscientos, -as
1000	mil
2000	dos mil
10 000	diez mil
1/2	medio
1/4	un cuarto

Meseta de Nisdafe

> UNTERWEGS AUF LA GOMERA/ EL HIERRO

Die Seiteneinteilung für den Reiseatlas finden Sie auf dem hinteren Umschlag dieses Reiseführers

REISE ATLAS

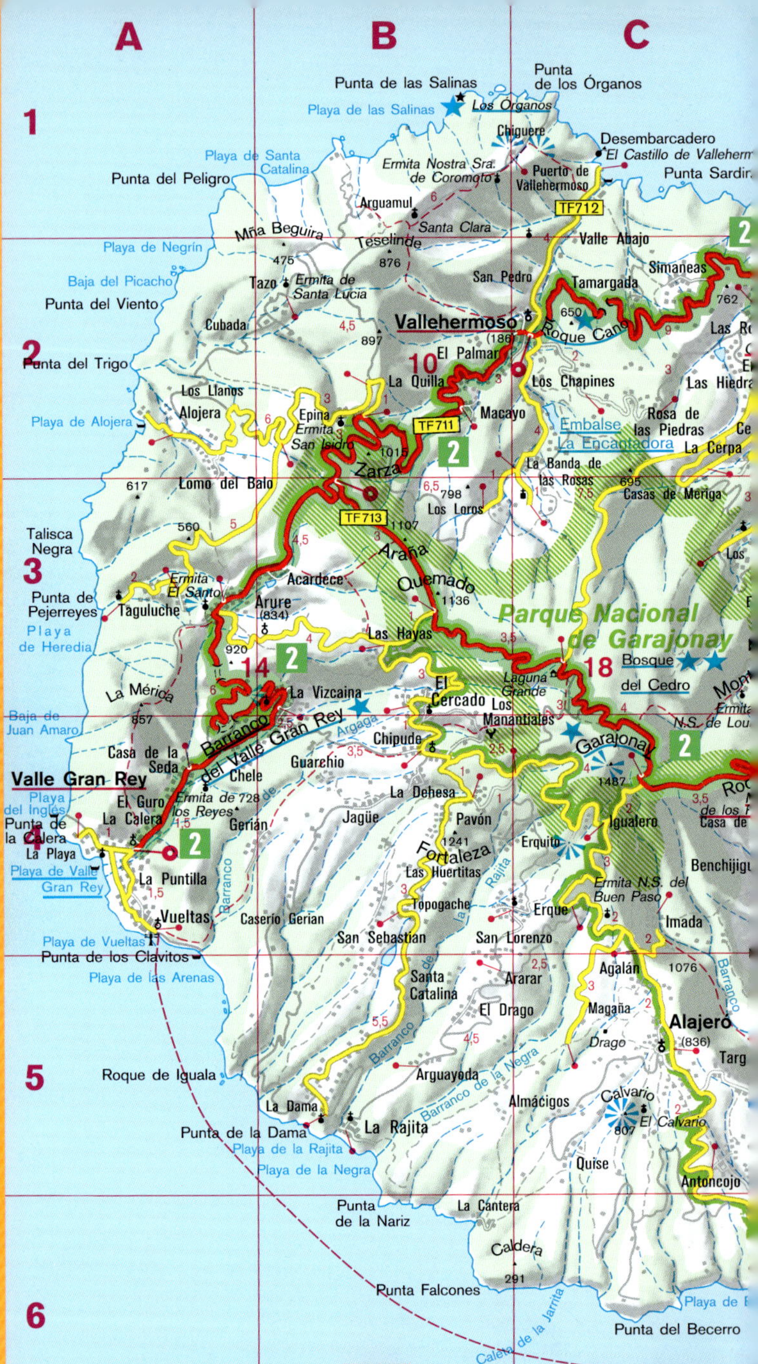
A
B
C
1
2
3
4
5
6
Punta de las Salinas
Punta de los Órganos
Playa de las Salinas
Los Órganos
Chiguere
Desembarcadero El Castillo de Vallehermoso
Playa de Santa Catalina
Ermita Nostra Sra. de Coromoto
Puerto de Vallehermoso
Punta del Peligro
Arguamul
TF712
Mña Beguira
Santa Clara
Teselinde
Valle Abajo
Playa de Negrín
475
876
Simaneas
Baja del Picacho
Tazo
Ermita de Santa Lucía
San Pedro
Tamargada
Punta del Viento
762
Vallehermoso
650
Cubada
4,5
(186)
Roque Cano
897
Punta del Trigo
El Palmar
10
La Quilla
Los Chapines
Las Hiedras
Los Llanos
Alojera
Epina
Ermita San Isidro
Macayo
Rosa de las Piedras
Playa de Alojera
TF711
Embalse La Encantadora
La Cerpa
1015
Zarza
La Banda de las Rosas
617
Lomo del Balo
6,5
798
695
Casas de Meriga
Los Loros
7,5
TF713
1107
560
Talisca Negra
Araña
4,5
Quemado
Acardece
Ermita El Santo
1136
Punta de Pejerreyes
Taguluche
Arure
(834)
Parque Nacional de Garajonay
Playa de Heredia
Las Hayas
3,5
920
14
18
Bosque del Cedro
La Mérica
La Vizcaína
Laguna Grande
El Cercado
Los Manantiales
Baja de Juan Amaro
657
Argaga
Chipude
N.S. de Lourdes
Ermita
Casa de la Seda
Barranco del Valle Gran Rey
2,5
3,5
Garajonay
Valle Gran Rey
Chele
Guarchio
1487
Playa del Inglés
El Guro
Ermita de los Reyes
728
La Dehesa
3,5
Punta de la Calera
La Calera
1,5
Gerián
Jagüe
Pavón
Igualero
Casa de
La Playa
1241
Erquito
Playa de Valle Gran Rey
Fortaleza
Las Huertitas
Benchijigua
La Puntilla
1,5
Rajita
Ermita N.S. del Buen Paso
Barranco
Topogache
Erque
Vueltas
Caserío Gerian
Imada
San Sebastián
San Lorenzo
Playa de Vueltas
Punta de los Clavitos
2,5
Agalán
1076
Playa de las Arenas
Santa Catalina
Ararar
Magaña
El Drago
Alajeró
Drago
(836)
5,5
4,5
Targa
Roque de Iguala
Arguayoda
Barranco de la Negra
Almácigos
Calvario
La Dama
El Calvario
807
Punta de la Dama
La Rajita
Playa de la Rajita
Quise
Playa de la Negra
Antoncojo
Punta de la Nariz
La Cantera
Caldera
291
Punta Falcones
Playa de
Caleta de la Jarrita
Punta del Becerro

D
E
F
1
2
3
4
5
6
Roque de Fuera
Punta del Jurado
Playa de San Marcos
Punta de Agulo
Las Casitas
Agulo
(190)
Playa de Agulo
Lepe
Cañada Grande
791
625
Risquete
Juego de Bolas
Playa de Sta. Catalina
Sta. Catalina
Punta Gabiña
de Visitantes
El Tabaibal
San Juán
Playa de la Caleta
Volcadero
Altonazo
Punta San Lorenzo
Hermigua
Casa de la Cultura
Casas de la Caleta
Playa de los Incencios
Moledor
Las Nuevitas
Casas del Palmar
Punta Palillos
Las Poyatas
Casas del Álamo
Tagaluche
Los Telares
San Pedro
Punta Majona
Barranco
Casas de Cuevas Blancas
El Cabo
1065
Parque Natural de Majona
Cuevas Blancas
Punta Gaviota
Encherada
620
El Rejo
634
Playa Zamora
41
956
Playa del Águila
Jaragán
Punta Llana
El Carmen
Ermita N.S. de Guadalupe
Ermita de Nuestra Señora de Guadalupe
Quemada
Barranco
Jaragán
Chejelipes
Lomito Fragoso y Honduras
612
Playa del Cangrejo
1170
Roque de Ojila
La Laja
El Prado
TF 711
Punta de Abalo
El Molinito
Playa de Abalo
de Agando
1250
Punta de la Sabina
Tagamiche
Casas Blancas
San Antonio y Pilar
Matanza
Roca Bermeja
Castaños
268
Parador
Punta de Arisel
Vegaipala
983
692
Punta de San Cristóbal
Mirador Degollada de Peraza
Ayamosna
Iglesia de la Asunción
Playa de la Cueva
Jerduñe
Magro
TF713
13
Torre del Conde
(68)
San Sebastián de la Gomera
1015
864
430
San Sebastián
Mon. al Sagrado Corazón de Jesús
Playa de San Sebastián
Gato
Los Cristianos
Toscas
Seima
Playa de Machal
Casas de Pastrana
Tejiade
221
Playa de la Guancha
El Cabezo
El Cabrito
Playa de El Cabrito
Contrera
20
Punta de El Cabrito
Barranco de Chinguarime
Playa de Oroja
Roque del Herrero
El Joradillo
Santiago
Playa de Suarez
Tecina
Punta Gaviota
Playa de Santiago
(109)
Santiago
Playa del Medio
Punta Marichal
Playa de Santiago
Punta del Espino
Puerto de la Estaca (El Hierro)
La Gomera
3km

A
B
C
1
2
3
4
5
6
El Hierro
2km
OCÉANO
ATLÁNTICO
Embarcad
Punta de Teje
Playa los Corrale
El Golfo
Punta Arenas Blancas
Punta de las Poyatas
Ptas de Gutiérrez
Pta. Arco de la Tosca
Tosca Amarilla
Playa de Verodal
Punta del Verodal
Bahía de los Reyes
HI500
Playa la Madera
Punta de los Palos
Bahía de la Hoya
Roques de la Sal
Charco Azul
Mirador del Bascos
Pozo de la Salud
Balneario
Sabinosa
Los Llanillos
Merese
Gruta
HI50
HI5
El Sabinar
La Dehesa
Ventejea
1216
Cuelva de Caracol
Santuario N.S. de los Reyes
Cruz de los Humilladeros
Malpaso
1500
Cruz de los
HI45
HI400
Punta de los Reyes
El Estacadero
Punta del Barbudo
Faro de Orchilla
El Julán
Los Letreros
Playa de los Colorados
Punta de los Mozos
Playa de los Mozos
Playa de Tejeda
Punta de Tejeda
Cueva del Bucarón
Cueva del Gater
Playa de Linés
Hoya del Tacorón
Punta Lajas del Lanc
El Rí
Punta de

D
E
F
1
2
3
4
5
6
Punta del Guanche
Charco Manso
Punta Norte
Punta de Amacas
Bahía de las Calcosas
Las Salinas
Pozo de las Calcosas
Echedo
HI15
Punta de Malpaís
Montaña Bermeja
345
Roque Salmor
Playa del Salto
Mocanal
Tamaduste
Punta de Salmor
Ermita de San Pedro
Balneario
Ermita de San Lázaro
Cueva de los Barcos
Aeropuerto de El Hierro
HI5
Guarazoca
Betenama
Hoyo del Barrio
Alfoba
760
(571)
Museo de Arqueol.
HI3
Playas Largas
Playa del Cantadal
Erese
Valverde
Santiago
Mirador de la Peña
Jarales
Pedraje
1023
La Caleta
Balneario
Punta de la Caleta
Playa de la Caleta
de Punta Grande
Las Montañetas
11
9
537
seo de Sitio Guinea
20
1040
HI2
Ribera
de Zamora
Barranco
HI10
Arbol Santo
Tiñor
Cueva del Diablo
Las Puntas
HI5
HI120
Risco Tibataje
HI1
Puerto de la Estaca
Playa del Varadero
San Sebastián de la Gomera
Chamuscada
Casas Guinea
1232
1136
Playa de Tijeretas
San Andrés
Los Cristianos (Tenerife)
Izique
Obelisco
Los Mocanes
Ermita de la Caridad
La Cuesta
Temijiraque
Bahía de Temijiraque
San Telmo
Punta de Temijiraque
Mirador de Jinama
Las Lapas
(375)
Las Rosas
HI35
Timbarombo
HI30
Frontera
1326
La Torre
Los Llanos
Belgara Alta
1371
El Pinar
Asomada
Tajace de Abajo
1118
24
Isora
Mirador de Bermeja
Bermeja
Punta de Ajones
Mirador de las Playas
1
Roque de la Bonanza
Punta de la Bonanza
Vivero Forestal
Hoya de Morcillo
Las Playas
Casa Forestal
Las Casas
Parador de El Hierro
Museo Panchillo
Mirador de Tanajara
Playa de los Cardones
1017
Taibique
Montaña Empalizada
24
774
Punta de Miguel
Bahía de Miguel
Tembargena
HI4
Playa Brava
Roques de los Joraditos
El Río
13
Gorona del Lajía
Playa de Manchas Blancas
El Lajial
Cueva de Don Justo
Playa del Cantdal
Restinga
Punta del Miradero
197
Bahía de Naos
La Restinga
Punta de la Restinga
Punta de los Saltos

KARTENLEGENDE

Autobahn · Gebührenpflichtige Anschlussstelle · Gebührenstelle · Anschlussstelle mit Nummer · Rasthaus mit Übernachtung · Raststätte · Erfrischungsstelle · Tankstelle · Parkplatz mit und ohne WC	Trento 11	Motorway · Toll junction · Toll station · Junction with number · Motel · Restaurant · Snackbar · Filling-station · Parking place with and without WC
Autobahn in Bau und geplant mit Datum der Verkehrsübergabe	Datum Date	Motorway under construction and projected with completion date
Zweibahnige Straße (4-spurig)		Dual carriageway (4 lanes)
Fernverkehrsstraße · Straßennummern	14 E45	Trunk road · Road numbers
Wichtige Hauptstraße		Important main road
Hauptstraße · Tunnel · Brücke		Main road · Tunnel · Bridge
Nebenstraßen		Minor roads
Fahrweg · Fußweg		Track · Footpath
Wanderweg (Auswahl)		Tourist footpath (selection)
Eisenbahn mit Fernverkehr		Main line railway
Zahnradbahn, Standseilbahn		Rack-railway, funicular
Kabinenschwebebahn · Sessellift		Aerial cableway · Chair-lift
Autofähre		Car ferry
Personenfähre		Passenger ferry
Schifffahrtslinie		Shipping route
Naturschutzgebiet · Sperrgebiet		Nature reserve · Prohibited area
Nationalpark, Naturpark · Wald		National park, natural park · Forest
Straße für Kfz. gesperrt		Road closed to motor vehicles
Straße mit Gebühr		Toll road
Straße mit Wintersperre	XII-II	Road closed in winter
Straße für Wohnanhänger gesperrt bzw. nicht empfehlenswert		Road closed or not recommended for caravans
Touristenstraße · Pass	Weinstraße 1510	Tourist route · Pass
Schöner Ausblick · Rundblick · Landschaftlich bes. schöne Strecke		Scenic view · Panoramic view · Route with beautiful scenery
Heilbad · Schwimmbad		Spa · Swimming pool
Jugendherberge · Campingplatz		Youth hostel · Camping site
Golfplatz · Sprungschanze		Golf-course · Ski jump
Kirche im Ort, freistehend · Kapelle		Church · Chapel
Kloster · Klosterruine		Monastery · Monastery ruin
Schloss, Burg · Schloss-, Burgruine		Palace, castle · Ruin
Turm · Funk-, Fernsehturm		Tower · Radio-, TV-tower
Leuchtturm · Kraftwerk		Lighthouse · Power station
Wasserfall · Schleuse		Waterfall · Lock
Bauwerk · Marktplatz, Areal		Important building · Market place, area
Ausgrabungs- u. Ruinenstätte · Feldkreuz		Arch. excavation, ruins · Calvary
Dolmen · Menhir · Nuraghen		Dolmen · Menhir · Nuraghe
Hünen-, Hügelgrab · Soldatenfriedhof		Cairn · Military cemetery
Hotel, Gasthaus, Berghütte · Höhle		Hotel, inn, refuge · Cave
Kultur		**Culture**
Malerisches Ortsbild · Ortshöhe	WIEN (171)	Picturesque town · Elevation
Eine Reise wert	★★ MILANO	Worth a journey
Lohnt einen Umweg	★ TEMPLIN	Worth a detour
Sehenswert	Andermatt	Worth seeing
Landschaft		**Landscape**
Eine Reise wert	★★ Las Cañadas	Worth a journey
Lohnt einen Umweg	★ Texel	Worth a detour
Sehenswert	Dikti	Worth seeing
Ausflüge & Touren		**Excursions & tours**

Bananenstauden

REGISTER

In diesem Register finden Sie alle im Reiseführer erwähnten Orte und Ausflugsziele. Halbfette Seitenzahlen verweisen auf den Haupteintrag, kursive auf ein Foto.

> **www.marcopolo.de/lagomera-elhierro**

> SCHREIBEN SIE UNS!

Liebe Leserin, lieber Leser,

wir setzen alles daran, Ihnen möglichst aktuelle Informationen mit auf die Reise zu geben. Dennoch schleichen sich manchmal Fehler ein – trotz gründlicher Recherche unserer Autoren/innen. Sie haben sicherlich Verständnis, dass der Verlag dafür keine Haftung übernehmen kann.

Wir freuen uns aber, wenn Sie uns schreiben.

Senden Sie Ihre Post an die
MARCO POLO Redaktion,
MAIRDUMONT, Postfach 31 51,
73751 Ostfildern,
info@marcopolo.de

IMPRESSUM

Titelbild: Hermigua, Bananenplantage (Huber: Schmid)
Fotos: Castillo del Mar (14 u.); W. Dieterich (3 M., 4 l., 4 r., 19, 23, 27, 28, 28/29, 35, 36, 41, 47, 52, 56, 63, 66/67, 71, 76, 77, 79, 81, 83, 91, 94/95, 97, 112/113, 119); Fisch & Co. (92 u.r.); © fotolia.com: Lance Bellers (92 o.l.), Günter Menzl (93 o.l.), photonaka (93 M.r.), Paulus Rusyanto (15 o.); R. Hackenberg (3 l., 59); EL HIERRO TAXI DRIVER (12 u.); Huber: Schmid (1); © iStockphoto.com: Jill Chen (15 u.), Nick Free (93 u.r.), saimnadir (93 M.l.), Ian Walker (92 M.l.); Laif: Amme (98/99), Jonkmanns (48, 64), Tophoven (Klappe links, 6/7, 8/9, 16/17, 21, 22, 69, 74, 87), Zanettini (22/23, 39, 73); Mira – Galería de Arte: Michael Reiff (13 o.); Michael Reimer (15 M.); D. Renckhoff (5, 43, 68, 84, 88/89, 100); Hotel Rural Tamahuche (14 o.); Sandra Schamber (12 o.); O. Stadler (24/25, 26, 30/31, 50/51, 54/55); O. Stadler & A. Stubhan (Klappe rechts, 2 l., 2 r., 3. r., 11, 29, 32, 45, 60); Frank Stemmann (13 u.); W. Taschner (Klappe Mitte, 101, 107); W. Taschner und M. Reimer (123); Timah Travel S.L.: Josef Knoflach (92 M.r.)

5., aktualisierte Auflage 2009

Chefredaktion: Michaela Lienemann, Marion Zorn
Autor: Michael Leibl; Bearbeiter: Michael Reimer, Wolfgang Taschner; Redaktion: Manfred Pötzscher
Programmbetreuung: Cornelia Bernhart, Jens Bey; Bildredaktion: Gabriele Forst
Szene/24h: wunder media, München
Kartografie Reiseatlas: © MAIRDUMONT, Ostfildern
Innengestaltung: Zum goldenen Hirschen, Hamburg; Titel/S. 1–3: Factor Product, München
Sprachführer: in Zusammenarbeit mit Ernst Klett Sprachen GmbH, Stuttgart, Redaktion PONS Wörterbücher

Printed in Germany. Gedruckt auf 100% chlorfrei gebleichtem Papier

FÜR IHRE NÄCHSTE REISE

gibt es folgende MARCO POLO Titel:

DEUTSCHLAND

Allgäu
Amrum/Föhr
Bayerischer Wald
Berlin
Bodensee
Chiemgau/Berchtesgadener Land
Dresden/Sächsische Schweiz
Düsseldorf
Eifel
Erzgebirge/Vogtland
Franken
Frankfurt
Hamburg
Harz
Heidelberg
Köln
Lausitz/Spreewald/Zittauer Gebirge
Leipzig
Lüneburger Heide/Wendland
Mark Brandenburg
Mecklenburgische Seenplatte
Mosel
München
Nordseeküste Schleswig-Holstein
Oberbayern
Ostfriesische Inseln
Ostfriesland/Nordseeküste Niedersachsen/Helgoland
Ostseeküste Mecklenburg-Vorpommern
Ostseeküste Schleswig-Holstein
Pfalz
Potsdam
Rheingau/Wiesbaden
Rügen/Hiddensee/Stralsund
Ruhrgebiet
Schwäbische Alb
Schwarzwald
Stuttgart
Sylt
Thüringen
Usedom
Weimar

ÖSTERREICH | SCHWEIZ

Berner Oberland/Bern
Kärnten
Österreich
Salzburger Land
Schweiz
Tessin
Tirol
Wien
Zürich

FRANKREICH

Bretagne
Burgund
Côte d'Azur/Monaco
Elsass
Frankreich
Französische Atlantikküste
Korsika
Languedoc-Roussillon
Loire-Tal
Normandie
Paris
Provence

ITALIEN | MALTA

Apulien
Capri
Dolomiten
Elba/Toskanischer Archipel
Emilia-Romagna
Florenz
Gardasee
Golf von Neapel
Ischia
Italien
Italienische Adria
Italien Nord
Italien Süd
Kalabrien
Ligurien/Cinque Terre
Mailand/Lombardei
Malta/Gozo
Oberital. Seen
Piemont/Turin
Rom
Sardinien
Sizilien/Liparische Inseln
Südtirol
Toskana
Umbrien
Venedig
Venetien/Friaul

SPANIEN | PORTUGAL

Algarve
Andalusien
Barcelona
Baskenland/Bilbao
Costa Blanca
Costa Brava
Costa del Sol/Granada
Fuerteventura
Gran Canaria
Ibiza/Formentera
Jakobsweg/Spanien
La Gomera/El Hierro
Lanzarote
La Palma
Lissabon
Madeira
Madrid
Mallorca
Menorca
Portugal
Sevilla
Spanien
Teneriffa

NORDEUROPA

Bornholm
Dänemark
Finnland
Island
Kopenhagen
Norwegen
Schweden
Südschweden/Stockholm

WESTEUROPA | BENELUX

Amsterdam
Brüssel
Dublin
England
Flandern
Irland
Kanalinseln
London
Luxemburg
Niederlande
Niederländische Küste
Schottland
Südengland

OSTEUROPA

Baltikum
Budapest
Estland
Kaliningrader Gebiet
Lettland
Litauen/Kurische Nehrung
Masurische Seen
Moskau
Plattensee
Polen
Polnische Ostseeküste/Danzig
Prag
Riesengebirge
Russland
Slowakei
St. Petersburg
Tschechien
Ungarn
Warschau

SÜDOSTEUROPA

Bulgarien
Bulgarische Schwarzmeerküste
Kroatische Küste/Dalmatien
Kroatische Küste/Istrien/Kvarner
Montenegro
Rumänien
Slowenien

GRIECHENLAND | TÜRKEI | ZYPERN

Athen
Chalkidiki
Griechenland Festland
Griechische Inseln/Ägäis
Istanbul
Korfu
Kos
Kreta
Peloponnes
Rhodos
Samos
Santorin
Türkei
Türkische Südküste
Türkische Westküste
Zakinthos
Zypern

NORDAMERIKA

Alaska
Chicago und die Großen Seen
Florida
Hawaii
Kalifornien
Kanada
Kanada Ost
Kanada West
Las Vegas
Los Angeles
New York
San Francisco
USA
USA Neuengland/Long Island
USA Ost
USA Südstaaten/New Orleans
USA Südwest
USA West
Washington D.C.

MITTEL- UND SÜDAMERIKA

Argentinien
Brasilien
Chile
Costa Rica
Dominikanische Republik
Jamaika
Karibik/Große Antillen
Karibik/Kleine Antillen
Kuba
Mexiko
Peru/Bolivien
Venezuela
Yucatán

AFRIKA | VORDERER ORIENT

Ägypten
Djerba/Südtunesien
Dubai/Vereinigte Arabische Emirate
Israel
Jerusalem
Jordanien
Kapstadt/Wine Lands/Garden Route
Kenia
Marokko
Namibia
Qatar/Bahrain/Kuwait
Rotes Meer/Sinai
Südafrika
Tunesien

ASIEN

Bali/Lombok
Bangkok
China
Hongkong/Macau
Indien
Japan
Ko Samui/Ko Phangan
Malaysia
Nepal
Peking
Philippinen
Phuket
Rajasthan
Shanghai
Singapur
Sri Lanka
Thailand
Tokio
Vietnam

INDISCHER OZEAN | PAZIFIK

Australien
Malediven
Mauritius
Neuseeland
Seychellen
Südsee

> UNSERE INSIDER

MARCO POLO Korrespondenten Michael Reimer und Wolfgang Taschner im Interview

Wolfgang Taschner und Michael Reimer sind freie Reisejournalisten und Fotografen. Schwerpunkt ist das naturnahe, sportlich aktive Reisen.

Was reizt Sie an La Gomera?

Wir sind gern zu Fuß oder mit dem Mountainbike in der freien Natur unterwegs, und da bietet sich die Insel mit seiner abwechslungsreichen Landschaft geradezu an. Die unzähligen An- und Abstiege stellen immer wieder eine sportliche Herausforderung dar. Gleichzeitig bleibt die Zeit, um unterwegs interessante Motive zu fotografieren oder ein Gespräch mit den Einheimischen zu führen.

Wie geht es Ihnen dort?

Besonders in den Wintermonaten ist das Klima sehr angenehm, und wir können uns so das ganze Jahr über fit halten. Die Tage sind sehr abwechslungsreich, da wir bei der Recherche ständig mit den unterschiedlichsten Menschen zu tun haben. Die Insel ist dank ihrer phantastischen Landschaft prädestiniert für Aktivitäten in der Natur. Hier wird es uns selbst nach längeren Aufenthalten nie langweilig.

Was machen Sie beruflich?

Michael Reimer: Da der Reisemarkt immer umkämpfter ist, habe ich mit meiner Lebensgefährtin im August 2004 einen Eigenverlag gegründet.
Wolfgang Taschner: Neben dem Schreiben und Fotografieren für Reisebücher bin ich selbstständiger Berater für Presse- und Öffentlichkeitsarbeit.

Wie ist ihr Verhältnis zu den Einheimischen?

Mangels Massentourismus sind die Gomeros Fremden gegenüber freundlich eingestellt. Vor allem als Wanderer erhält man viel Anerkennung und Respekt, da man Naturverbundenheit ausstrahlt und Land und Leute so nimmt, wie sie sich darstellen.

Mögen Sie die kanarische Küche?

Wir essen fast täglich frisch zubereiteten Fisch, am liebsten unter freiem Himmel mit Blick aufs Meer. Die leckeren Bananen und Papayas sind eine willkommene Zwischenmahlzeit für unterwegs.

Können Sie sich vorstellen, Ihren Wohnsitz ganz nach La Gomera zu verlegen?

Michael Reimer: Was die Wintermonate betrifft: Ja! Als begeisterter Bergsteiger würde ich allerdings im Sommer die Berge auf Gomera schon arg vermissen.
Wolfgang Taschner: Wenn die wirtschaftliche Basis stimmt, gern. Leider ist das Honorar für Reisejournalisten nicht so hoch, dass ich mir momentan einen dauerhaften Aufenthalt auf der Insel leisten könnte.

> BLOSS NICHT!

Gut zu wissen, wo die Fettnäpfchen stehen und wo Sie sich unnötig in Gefahr begeben

Gute Ratschläge erteilen

Cabezas quadradas werden deutsche Touristen häufig spöttisch genannt: Das bedeutet Quadratschädel. Angespielt wird dabei nicht etwa auf die Kopfform, sondern auf eine häufig verbreitete und unangenehme Art der Teutonen, immer alles besser wissen zu müssen. Sprüche wie „Organisation ist alles!" entsprechen nicht der südländischen Lebensart und sollten am besten zu Hause gelassen werden. Anregungen zu Kindererziehung oder Hausbau, Elektrik oder Umweltschutz sind aber nicht nur unerwünscht, sondern können auch beleidigend sein, wenn sie in belehrendem oder sogar überheblichem Ton vorgetragen werden.

Von fremden Früchten naschen

Oft werden Sie auf Ihren Wanderungen und Spaziergängen an verwaisten Obstbäumen und Bananenplantagen vorbeikommen, die scheinbar niemandem gehören, weil keine Zäune oder Mauern sie schützen. Dann heißt es Hände weg, auch wenn die süßen Früchtchen Sie noch so verführerisch anschauen. Nichts ist beschämender, als mit vollem Mund unter einem fremden Baum zu stehen und von einem aus dem Nichts aufgetauchten Besitzer beschimpft zu werden – und das auch noch zu Recht.

Überall baden

An manchen Tagen sieht das Meer so ruhig aus, als könnte man ohne Probleme zur Nachbarinsel schwimmen. Die Einheimischen bezeichnen es dann als *mar muerto,* das tote Meer. Doch der Eindruck täuscht. Auch in Strandnähe lauern eine Menge tückischer und sehr schneller Strömungen, die auch gute Schwimmer mit sich reißen können. Dann sieht es schlecht aus, denn Rettungsringe, Bademeister oder gar Rettungsboote gibt es an den Stränden von La Gomera und El Hierro nicht.

Leichtsinnig sein

Einbrüche und Diebstähle sind auf La Gomera und El Hierro immer noch die Ausnahme. Trotzdem ist Vorsicht geboten. Lassen Sie auf keinen Fall Fotoapparate, Handtaschen, Reisegepäck oder andere wertvolle Gegenstände im Auto liegen – auch nicht für einen kurzen Moment. Verschließen Sie beim Verlassen des Apartments alle Türen und Fenster sorgfältig. Am Strand sollten Sie Ihre Badetasche nicht zu lange aus den Augen lassen.

Einfach draufloswandern

Trotz guter Wegmarkierung und vorbildlicher Pflege sind die Wanderrouten auf La Gomera größtenteils sehr anspruchsvoll. Wichtigste Voraussetzung sind festes Schuhwerk, Sonnenschutz sowie viel Wasser zum Trinken. An heißen Tagen besteht leicht die Gefahr des Dehydrierens während man bei schlechter Sicht durchaus vom Weg abkommen kann. Für den Notfall sollte mindestens ein Handy in der Gruppe vorhanden sein.